그리스도께서 내 안에
내가 그리스도 안에

그리스도께서 내 안에
내가 그리스도 안에

지은이 | 이재훈
초판 발행 | 2018. 3. 21
6쇄 발행 | 2019. 8. 29.
등록번호 | 제1988-000080호
등록된 곳 | 서울특별시 용산구 서빙고로 65길 38
발행처 | 사단법인 두란노서원
영업부 | 2078-3352   FAX | 080-749-3705
출판부 | 2078-3331

책값은 뒤표지에 있습니다.
ISBN 978-89-531-3084-5 03230

독자의 의견을 기다립니다.
tpress@duranno.com   www.duranno.com

※ 이 책에 사용된 성경은 우리말성경에서 인용하였습니다.

두란노서원은 바울 사도가 3차 전도여행 때 에베소에서 성령 받은 제자들을 따로 세워 하나님의 말씀으로 양육하던 장소입니다. 사도행전 19장 8-20절의 정신에 따라 첫째 목회자를 돕는 사역과 평신도를 훈련시키는 사역, 둘째 세계선교(TIM)와 문서선교(단행본·잡지) 사역, 셋째 예수문화 및 경배와 찬양 사역, 그리고 가정·상담 사역 등을 감당하고 있습니다. 1980년 12월 22일에 창립된 두란노서원은 주님 오실 때까지 이 사역들을 계속할 것입니다.

그리스도께서 내 안에
내가 그리스도 안에

이재훈 지음

두란노

| 목차 |

들어가는 글 / 그리스도의 임재하심을 경험하고 있습니까? 6

1부 /   그리스도를 통하여 _ Through Christ
    1. 그리스도를 통하여 의롭다 함을 받았습니까? 12
    2. 그리스도를 통하여 하나님과 화목하고 계십니까? 24
    3. 그리스도를 통하여 하나님의 양자 됨을 아십니까? 36
    4. 그리스도를 통하여 은혜의 보좌 앞에 나아가십니까? 48

2부 /   그리스도와 함께 _ With Christ
    5. 그리스도와 함께 십자가에 못 박혔습니다 62
    6. 그리스도와 함께 살리심을 받았습니다 74
    7. 그리스도와 함께 영광을 얻을 것입니다 84
    8. 그리스도와 함께 영원할 것입니다 94

3부 /   그리스도 안에서 _ In Christ
    9. 그리스도 안에서 결코 정죄함이 없습니다 108
    10. 그리스도 안에서 성령을 따라 살아갑니다 118
    11. 그리스도 안에 거할 때 열매가 맺어집니다 130
    12. 그리스도 안에서 함께 성전으로 지어집니다 142

4부 / 그리스도 아래서 _ Under Christ
    13. 자기를 부인하고 그리스도를 따르십시오 154
    14. 그리스도의 멍에를 메고 그리스도를 따르십시오 164
    15. 모든 생각을 복종시켜 그리스도를 따르십시오 174
    16. 영적 예배자로 그리스도를 따르십시오 184

5부 / 그리스도처럼 _ Like Christ
    17. 그분의 겸손하심처럼 196
    18. 그분의 용서하심처럼 208
    19. 그분이 세상에 속하지 아니하신 것처럼 220
    20. 그분이 아버지께 영광 돌리신 것처럼 230

나가는 글 / 그리스도의 사랑 안에 머무십시오 244

들어가는 글 /

그리스도의
임재하심을
경험하고 있습니까?

우리가 예수님을 믿는다고 할 때, 그 믿음은 역사 속에 잠시 살아 계셨던 예수 그리스도를 믿는 것이 아닙니다. 십자가에서 죽으신 예수님, 그리고 예수님의 부활하심만을 믿는 것도 아닙니다. 우리는 부활하신 예수님께서 지금도 살아 계셔서 우리 안에 임재하고 계시다는 것을 믿는 것입니다. 따라서 우리는 자신이 그리스도의 임재하심을 체험하는 믿음 안에 있는지를 계속 살피며 시험해 봐야 합니다.

예수님은 영생을 "오직 한 분이신 참하나님 아버지와 아버지께서 보내신 예수 그리스도를 아는 것"(요 17:3)이라고 말씀하셨습니다. 앎은 체험을 의미합니다. 영원한 생명의 삶은 예수 그리스도를 아는 것입니다. 이는 죽음 이후 천국에서 비로소 예수님을 만나서 체험하는 삶이 아니라, 이 땅에서 우리 안에 임재하신 그리스도를 경험하는 삶입니다. '그리스도께서 내 안에, 내가 그리스도 안에' 거하는 삶입니다. 우리는 이 땅에서 그리스도의 임재하심을 경험해야 합니다. 그러기 위해서는 무엇보다도 이 땅에서 그리스도 안에 거하는 삶이 가능하다는 것을 믿어야 합니다. 이것을 믿지 않는 것은 심각한 불신앙입니다.

 예수님에 대한 기록은 단순한 역사의 기록이 아닙니다. 주님의 임재하심을 체험하는 통로입니다. 우리는 날마다 말씀 속에서, 성령 안에서 그리스도의 임재하심을 체험할 수 있고 그분과 동행할 수 있습니다. 그리스도의 임재하심은 때로 우리의 의지와 상관없이 강력하게 일어나기도 하지만, 동행하는 삶은 강제적으로 일어나지 않습니다. 우리가 믿고 의지하는 만큼, 자기를 부인하는 만큼 그리고 자신을 비우는 만큼 하나님은 우리 안에 소원을 두시고 우리의 자유의지와 함께 역사하십니다.

자기 자신만을 바라보며 살아가는 삶은 비참합니다. 자신을 믿고 의지하는 삶은 죄에 치우칠 수밖에 없습니다. 그렇기에 그리스도를 의지하며 그리스도께서 내 안에 사시는 역사가 우리 가운데 일어나야 합니다. 우리에게는 최고의 행복한 삶이 약속되어 있습니다. 그것은 "그리스도께서 내 안에, 내가 그리스도 안에 거하는 인생"입니다.

2017-2018년 추운 겨울, 온누리교회 성도들은 그리스도의 임재하심을 체험하기 원하는 깊은 소원으로 새벽마다 은혜의 보좌 앞으로 나아갔습니다. 이 책은 작은 예수 40일 새벽기도회 때 '그리스도께서 내 안에, 내가 그리스도 안에'라는 주제로 주어진 말씀들을 새

롭게 정리한 내용입니다. 이 땅에서 천국을 경험하는 유일한 비밀인 그리스도의 임재하심을 경험하는 데 조금이나마 도움이 될 수 있기를 바랍니다.

2018년 3월

이재훈

1부 /

그리스도를 통하여
Through Christ

그리스도께서 내 안에,
내가 그리스도 안에 거하기 위해서는
나를 위해 죽으신 그리스도를 믿는 믿음과
그리스도를 통해서, 그리스도와 함께
그리고 그리스도 안에서 허락되어진
하나님의 은혜가 있어야 합니다.

1
그리스도를 통하여
의롭다 함을 받았습니까?

"모든 사람이 죄를 지었으므로 하나님의 영광에 이르지 못합니다. 그러나 그리스도 예수 안에 있는 구속으로 인해 하나님의 은혜로 값없이 의롭다는 인정을 받습니다"(롬 3:23-24).

내 안에 임재하시는 그리스도는 나를 위해서, 나를 대신해서 십자가에서 죽으신 그리스도이십니다. 그리스도께서 내 안에 사실 수 있는 이유는 단지 그리스도께서 살아 계시기 때문만이 아니라, 그분이 나를 대신해서 죽으시고 부활하셨기 때문입니다. 사도 바울은 갈라디아서 2장 20절에서 이렇게 고백했습니다.

"나는 그리스도와 함께 십자가에 못 박혔습니다. 그러므로 이제 더 이상 내가 사는 것이 아니라 내 안에 그리스도께서 사시는 것입니다. 지금 내가 육체 안에 사는 것은 나를 사랑하셔서 나를 위해 자신의 몸을 내주신 하나님의 아들을 믿는 믿음으로 사는 것입니다."

예수님께서 우리 안에 주인으로 살아 계실 수 있는 이유는 그분이 우리를 대신해서 죽으시고 다시 사신 부활의 주님이시기 때문입니다. 우리가 그리스도 안에 거할 수 있는 것도 우리를 위해서 십자가에서 죽으신 그리스도에 대한 믿음 때문입니다. 예수님은 "누구든지 내 살을 먹고 내 피를 마시는 사람은 내 안에 있고 나도 그 안에 있다"(요 6:56)고 말씀하셨습니다. 십자가에서 나를 대신해서 죽으신 그리스도를 믿는 그 믿음이 그리스도와 우리를 하나 되게 한다는 것입니다.

그리스도께서 내 안에, 내가 그리스도 안에 거하기 위해서는 나를 위해 죽으신 그리스도를 믿는 믿음과 그리스도를 통해서, 그리스도와 함께 그리고 그리스도 안에서 허락되어진 하나님의 은혜가 있어야 합니다. 우리는 그리스도를 통해서 허락된 이 은혜를 체험하고 믿어야 합니다.

그리스도께서 우리에게 베풀어 주신 놀라운 은혜가 있습니다. 그리고 그리스도 안에서 우리에게 허락된 하늘의 부유한 복이 있습니다. 우리는 그리스도를 통해서 주어진 하나님의 은혜의 핵심인 값없이 의롭다 함을 받은 은혜의 기쁜 소식을 체험하고 누릴 수 있어야 합니다.

큰 기쁨의 소식을 들으라

이 소식이 큰 기쁨의 소식으로 들리지 않는 두 종류의 사람이 있습니다. 첫째는, 자신이 의롭게 될 필요가 없다고, 자신은 죄가 없다고 생각하는 사람입니다. 때로 교양 있게, 문화적으로 깨끗하게 살아가는 사람들은 '나는 죄인'이라는 말이 자신에게는 해당되지 않는다고 생각합니다. 둘째는, 자신이 죄인이라는 것은 어느 정도 인정하지만 그 죄가 얼마나 심각한 문제인지, 그 죄가 얼마나 무서운 것인지를 절실히 깨닫지 못하는 사람입니다. 이들은 예배에도 참석하고 교회 생활도 하지만, 값없이 의롭게 된다는 것을 지금보다 좀 더 나은 사람이 되는 종교적인 액세서리 정도로 여깁니다. 자기 안에 있는 죄가 얼마나 절망적인 것인지, 자신이 얼마나 소망 없는 존재인지를 깨닫지 못하는 것입니다.

신앙 안에 있는 사람은 절대 자기 자신에 대해서 실망하는 정도로 끝내서는 안 됩니다. 완전히 절망해야 합니다. '내가 이것밖에 안 되나?' 하는 자세로는 참된 신앙에 이를 수 없습니다. 예수님은 "복되도다! 마음이 가난한 사람들이여, 하늘나라가 그들의 것이다"(마 5:3)라고 말씀하셨습니다. 여기서 '가난'은 영적 파산을 의미합니다. 존재의 파산, 곧 자신의 삶이 영적으로 완전하게 파산했음을 깨닫지 못하는 사람에게는 값없이 의롭게 된다는 것이 기쁜 소식으로 들려오지 않는 것입니다.

사탄은 우리의 삶을 세상의 문화와 교양과 지식과 물질로 멋지게 포장해서 그럴듯하게 보이도록 우리를 속입니다. 그러나 성경은 우리가 얼마나 절망적인 파산 상태에 있는지, 얼마나 구원이 필요한 존재인지를 설명해 줍니다(롬 1:18-3:20 참조). 성경뿐 아니라, 뉴스만 보더라도 우리는 구제할 수 없는 절망적인 존재임을 깨닫게 됩니다. 이러한 상황을 로마서 3장 23절은 한 구절로 요약해 말하고 있습니다.

"모든 사람이 죄를 지었으므로 하나님의 영광에 이르지 못합니다."

'모든 사람이 죄를 지었다는 것'은 한 사람도 예외가 없다는 것입니다. 그리고 '하나님의 영광에 이르지 못한다는 것'은 인간이 하나님 앞에서 정죄 받은 존재라는 것입니다. 우리 안에 있는 죄가 얼마나 심각한지를 깨닫지 못하는 이유는 기준을 잘못 세웠기 때문입니다. 인간의 기준에서는 괜찮아 보일지라도 그것이 하나님의 영광에 이르지 못한다면 모두 죄인 것입니다.

　여기서 중요한 것은 죄의 크고 작음이 아니라, 누구에 대해 어떤 종류의 죄를 지었는가입니다. 작은 나사 하나라 할지라도 그것이 장난감에서 빠졌을 때와 하늘을 나는 비행기에서 빠졌을 때의 결과는 다른 것입니다. 하나님은 인간을 당신의 영광스러운 상태를 누릴 수 있는 존재로 창조하셨습니다. 그러나 인간의 범죄함으로 인해 하나님과의 관계가 깨지고 말았습니다. 인간의 죄는 영원한 하나님과의 관계를 깨뜨린 것이기에 이 또한 영원한 정죄가 됩니다. 따라서 인간 편에서는 아무리 멋있어 보여도 하나님의 영광에 이르지 못하는 것, 하나님의 영광스러움을 잃어버리는 것은 모두 죄인 것입니다.

　우리 안에 허락된 하나님과 누릴 수 있는 이 교제, 하나님 안에서의 삶, 영원한 생명은 영광스러운 것입니다. 이는 하나님의 영광을 나눠 주신 것입니다. 그러나 우리 모두는 죄로 말미암아 하나님의 영광을 잃어버렸습니다. 이것이 인간의 실존이요, 인간이 구원받아야 할 이유인 것입니다.

오직 예수 그리스도

죄는 거룩하고 완전하신 하나님과 인간 사이에 영적인 균열을 일으켰습니다. 그런데 인간에게는 이 커다란 균열을 뛰어넘으려는 속성이 있습니다. 왜일까요? 왜 사람들은 수많은 종교와 개인적인 노력을 통해서 이 균열을 뛰어넘으려고 하는 것일까요? 그 이유는 우리가 있어야 할 자리가 원래 그곳이기 때문입니다. 데이빗 A. 씨맨즈의 《치유하시는 은혜》(두란노 역간)에 보면 이런 균열을 뛰어넘으려는 인간의 노력을 세 가지로 정리하고 있습니다.

첫째는, 칠전팔기(七顚八起)의 노력입니다. 열심 자체는 귀합니다. 그러나 본질과 원리를 깨닫지 못한 열심은 매우 위험할 수 있습니다. 모든 사람이 죄를 지었기에 하나님의 영광에 이르지 못한다는 것은 인간의 능력이 모자라서 그 영광에 미치지 못한다는 것입니다.

이블 크니블이라는 스턴트맨이 아이다호 주에 있는 스네이크 리버라는 협곡을 오토바이로 건너는 이벤트를 열었습니다. 그런데 안타깝게도 아주 작은 차이로 미치지 못하고 떨어지고 말았습니다. 모자라는 길이가 1킬로미터든 10미터든 1미터든 상관없습니다. 10센티미터만 부족해도 떨어지는 것입니다. 마찬가지로 우리 편에서 볼 때 얼마나 멀리 뛰었는가가 중요한 게 아니라, 하나님의 영광이라는 수준에 미치지 못하면 다 떨어지는 것입니다. 하나님의 영광이라는 기준에 미달한 것은 다 죄이기 때문입니다.

둘째는, 심리적·정신적인 노력입니다. 데이빗 A. 씨맨즈는 이를 '프로이트의 방법'이라고 표현했습니다. 예수님은 "이제부터 다시는 죄를 짓지 마라"(요 8:11)라고 말씀하셨습니다. 그런데 프로이트 같은 정신·심리학자들은 이렇게 말합니다. "가서 어떤 죄에 대해서도 마음 아파하지 마라." 둘의 차이가 무엇입니까? 이들은 죄와 죄책감이란 외부로부터 주어지는 어떤 조건이나 기준에 의해서 스스로 느끼는 것이기 때문에 그러한 기준들을 상대적으로 바꿔 버리라고 말합니다. 그건 그 당시 사람들의 의견일 뿐, 성경이 죄라고 말한다 해서 죄책감을 느낄 필요가 없다는 것입니다. 이는 기준을 없애는 것입니다. 이런 사고로 생각하면 죄가 사라지게 됩니다. 기준이 없으니 죄 또한 존재하지 않는 것입니다. 그래서 '모든 사람이 죄를 지었으므로'라는 이 말이 들리지 않는 것입니다.

셋째는, 바리새인, 곧 교회 안의 율법적 그리스도인들이 사용하는 방법입니다. 이들은 죄를 인정합니다. 하나님의 영광에 이르지 못했다는 것도 인정합니다. 그러나 이 균열을 어떤 종교적인 율법을 통해 다리를 세워서 건너가려고 노력합니다. 하나님의 모든 계명들을 자재로 삼아 다리 공사를 하는 것입니다. 하나하나 쌓아 나감으로 그 간격을 뛰어넘으려고 노력하는 것입니다. 대표적인 이들이 예수님 당시의 바리새인입니다. 그리고 그러한 성향은 오늘 우리 안에도 있습니다. 열심히 봉사하고 무언가를 지켜 나가는 것과 같은 종교적인 열심을 냄으로써 그것을 넘어서 보려는 것입니다.

그런데 이런 열심들이 계속 증가함에도 불구하고 오히려 간격이 더 벌어지는 이유는 왜일까요? 로마서 3장 19-20절에서 그 이유를 설명합니다.

"율법이 말하는 것은 율법 아래 있는 자들에게 말하는 것임을 우리는 압니다. 이는 모든 입을 다물게 하고 온 세상이 하나님의 심판 아래 있게 하려는 것입니다. 그러므로 율법의 행위로는 하나님 앞에서 의롭다는 인정을 받을 육체가 없습니다. 율법으로는 죄를 깨달을 뿐입니다."

그리고 로마서 3장 21-22절은 이렇게 말씀합니다.

"그러나 이제는 율법과 별개로 하나님의 의가 나타났습니다. 이것은 율법과 예언자들이 증거한 것입니다. 하나님의 의는 예수 그리스도를 믿는 믿음으로 인해 믿는 모든 사람에게 주어집니다. 거기에는 차별이 없습니다."

율법과 별개로 나타난 하나님의 의가 이미 율법과 예언자들을 통해 말씀되었습니다. 하나님께서 말씀하신 심판의 계시를 받아들인 노아를 통해서, 율법이 있기 훨씬 전에(400년 전) 하나님께서 주신 약속을 믿음으로 받아 의롭다 함을 얻은 아브라함을 통해서 말씀해 주셨습니다.

'율법과 별개로'라는 말은 율법이 더 이상 적용되지 않는다는 말이 아닙니다. 그 율법의 성취를 우리의 것으로 간주해 주시는 다른 어떤 일이 생겼다는 것입니다. 그것이 무엇입니까? 예수 그리스도의 십자가로 인해서 우리를 의롭다 하시는 하나님의 의가 우리에게 주어졌다는 것입니다. 이것을 믿고 받아들이는 자들에게 오직 은혜로, 오직 믿음으로 하나님의 의롭다 하시는 역사가 일어난다는 것입니다.

믿음으로 의롭게 되는 은혜

중세 시대에 이것을 발견한 사람이 마틴 루터입니다. 죄인들을 향한 의로우신 하나님의 심판과 그것이 곧 복음의 기쁜 소식인 것에 대한 깊은 고민 속에서 '오직 의인은 믿음으로 말미암아 살리라' 하신 말씀이 깨달아진 것입니다. 여기서 의는 '예수 그리스도께서 우리를 대신해서 죽으심으로 모든 하나님의 진노를 그리스도 안에서 다 해결하시고 우리를 값없이 의롭다 하시는 것'입니다. 죄를 처벌하는 것만이 의가 아니라, 우리 모두를 그리스도의 죽음에 근거해서 값없이 의롭다 하시는 것이 하나님의 의인 것입니다. 우리는 이것을 '칭의'(稱義, justification)라고 말합니다. 로마서 3장 23절의 "모든 사람이 죄를 지었으므로 하나님의 영광에 이르지 못합니다"라는 그 정죄가 우리를 값없이 의롭다 하시는 칭의로 변화되는 것입니다.

"그러나 그리스도 예수 안에 있는 구속으로 인해 하나님의 은혜로 값없이 의롭다는 인정을 받습니다"(롬 3:24).

'값없이 의롭다는 인정을 받았다'는 것은 가치가 없다는 것이 아닙니다. 아무 대가를 지불하지 않았다는 것이 아닙니다. 그 앞에 치러진 대가가 기록되어 있습니다. "그리스도 예수 안에 있는 구속으로 인해." 여기서 '구속'이라는 단어는 사실 오늘날 잘 쓰이지 않는 말입니다. 이는 몸이 붙잡힌 구속이 아니라 거꾸로 자유하게 되는 것(redemption)입니다. 이는 몸값을 치르고 풀림을 받는 '보석'(保釋)에 가까운 뜻을 갖습니다.

그리스도 안에 있는 구속은 완전한 값을 지불하고 자유하게 되는 것입니다. 이는 '다시 산다'(buy back)는 것입니다. 그래서 묶여 있는 모든 것들에 대한 짐을 다 벗어 버릴 수 있는 것입니다. 죗값을 치렀기 때문입니다. 우리는 죄에 대한 값을 치러야 합니다. 하나님은 어떤 면에서 아무도 용서하실 수가 없습니다. 죄를 아무렇게나 눈감아 주시는 분이 아니기 때문입니다. 하나님께서 죄를 그냥 눈감아 주시는 분이었다면 이 땅에 도덕적인 세계는 존재하지 않으며, 하나님은 선하신 분도 아닐 것입니다. 심판이 있는 것은 하나님께서 선하고 의로운 분이시기 때문입니다. 하나님은 단 하나의 죄도 용서하실 수 없습니다. 모든 죄는 벌을 받아야 하며 처리되어야 합니다.

율법에 의하면 처벌 외에는 의를 이룰 수 없습니다. 율법이 말하는 의는 처벌이요, 심판입니다. 그런데 율법과 별개로 하나님의 의가 나타났다고 말씀합니다. 이는 처벌과 심판으로 끝나는 의가 아니라는 것입니다. 처벌과 심판으로 끝나야 될 사람이 누군가 그 값을 치렀기 때문에 풀려날 수 있다는 것입니다. 이것이 성경이 말하는 구속입니다.

2000년 6월 23일, 미국 버지니아 주 법정에서 한 판사가 청각장애인 부부를 재판하고 있었습니다. 이들은 집세인 250달러를 내지 못해 집주인으로부터 고소를 당했습니다. 법에 의하면 이들은 심판을 받아야 합니다. 그런데 판사가 자신의 지갑에서 250달러를 꺼내 고소한 집주인 변호사에게 주면서, 집세가 지불되었으니 이것을 무죄로 처리하자고 합니다. 이 청각장애인 부부는 아무것도 한 것이 없습니다. 그러나 판사가 돈을 지불해 주었기 때문에 그들은 무죄가 되었습니다.

그리스도께서 당신의 몸값으로 우리가 받을 영원한 형벌을 대신 담당하셨기 때문에 그리스도 안에 있는 이 구속으로 말미암아 우리는 값없이 의롭다 함을 받습니다. 이렇게 우리를 대신해서 그리스도의 보배로운 피로 구속해 의롭다 하셨기에 우리가 그분께서 거하시는 거룩한 전이 될 수 있는 것입니다. 그분께서 우리 안에 주인으로서의 권리가 있으신 것은 그분의 피로 우리의 죗값을 치르고 우리를 구속하셨기 때문입니다. 그분은 우리의 구속자로 계시는 것입니다.

그분이 단지 손님이 되실 수 없는 이유는 우리의 생명을 사셨기 때문입니다. 그리스도를 통해서 값없이 의롭게 된 자는 '내 인생의 주인은 내가 아니다'라고 고백할 수밖에 없습니다. 나를 값없이 의롭다 여기신, 나를 구속하신 예수 그리스도를 바라보며, 그분을 의지하며 그분과 함께 살 수밖에 없는 것입니다. 머리로 아는 것에 그쳐서는 안 됩니다. 우리 마음에 성령의 임재하심으로 이것이 실제로 체험될 때 그리스도께서 우리 안에 온전히 거하실 수 있습니다. 그래야 그분께서 내 안에 주님으로 임재하실 수 있는 것입니다.

그리스도의 구속으로 말미암아 우리는 값없이 의롭다 함을 받았습니다. 용서와 의롭다 함을 받는 것은 차원이 다른 이야기입니다. 누군가를 용서한다고 해서 그 사람의 죄가 없어지는 것은 아니기 때문입니다. 칭의, 곧 의롭다 함을 받는 것은 벌을 받을 근거까지 싹 제거해 준 것입니다. 관계와 신분과 지위를 원래 위치로 회복시켜 준 것입니다. 값없이 의롭다 함을 받은 은혜, 곧 그리스도 안에 있는 이 구속으로 말미암아 이제는 하나님의 영광에 이르는 자가 되는 것입니다. 그리스도 안에 있는 구속으로 우리는 하나님의 영광을 바라고 즐거워할 수 있는 자가 된 것입니다.

  우리는 하나님의 영광스러운 자녀입니다. 이 사실을 잊지 마십시오. 그렇기에 하나님의 영광을 누릴 수 있음을 기억하십시오. 하나님은 우리를 종이 아닌 당신의 자녀로 부르셨습니다.

2
그리스도를 통하여 하나님과 화목하고 계십니까?

"그러므로 우리는 믿음으로 의롭다는 인정을 받아 우리 주 예수 그리스도로 인해 하나님과 더불어 화평을 누리고 있습니다. 또한 우리는 그분으로 인해 우리가 서 있는 은혜에 들어감을 얻었으며 하나님의 영광을 바라며 기뻐합니다. 뿐만 아니라 우리는 또한 환난 가운데서도 기뻐합니다. 이는 환난은 인내를, 인내는 연단을, 연단은 소망을 이루는 줄을 알기 때문입니다. 이 소망은 우리를 낙심시키지 않습니다. 하나님께서 우리에게 주신 성령으로 인해 그분의 사랑을 우리 마음에 부어 주셨기 때문입니다. 우리가 아직 연약할 때 그리스도께서는 작정된 시기에 경건하지 않은 사람을 위해 죽으셨습니다. 의인을 위해 죽는 사람은 거의 없고 선한 사람을 위해 과감히 죽는 사람은 간혹 있기는 합니다. 그러나 우리가 아직 죄인이었을 때 그리스도께서 우리를 위해 죽으심으로 하나님께서는 우리에 대한 그분의 사랑을 나타내셨습니다. 그러므로 이제 우리가 그리스도의 피로써 의롭다는 인정을 받았으니 그리스도로 인해 하나님의 진노에서 확실히 구원받을 것입니다. 우리가 하나님과 원수 됐을 때 하나님의 아들이 죽으심으로 인해 그분과 화목하게 됐으니 화목하게 된 우리는 하나님의 생명으로 인해 확실히 구원을 받을 것입니다. 그뿐 아니라 이제 우리는 우리를 하나님과 화목하게 하신 우리 주 예수 그리스도로 인해 하나님 안에서 기뻐합니다"(롬 5:1-11).

우리 안에 임재하시는 그리스도는 우리를 사랑하사 우리를 대신해서 죽으신 분이십니다. 우리를 구속하셨기에 우리 안에 거하게 되신 것입니다. 우리는 그리스도의 구속을 통하여 값없이 의롭다 함을 받았습니다. 그리스도께서 우리 안에 거하시기 위해서는 우리에게 의로움이 필요합니다. 아담의 후손인 우리는 하나님 앞에 불의하기 때문입니다.

우리가 얼마나 죄 가운데 있는지, 우리가 빠져 있는 죄가 얼마나 심각한지를 깨닫지 못하는 것이 죄의 무서움입니다. 마치 어둠 속에 있으면 우리 몸이 얼마나 더러운지를 모르는 것처럼, 거울을 보지 않으면 우리 몸에 어떤 오물이 묻어 있는지를 알 수 없는 것처럼 말입니다. 우리는 성령의 빛, 하나님의 은혜의 빛 가운데로 나아가야 합니다. 그때 우리가 죄인임을 깨달을 수 있습니다. 우리는 그리스도의 구속을 통해서 의롭다 함을 받아야 합니다.

값없이 의롭다 하신 것은 우리의 힘으로는 얻을 수 없는 것입니다. 죄는 그 값을 요구합니다. 죄에는 반드시 대가가 요구됩니다. 죄 가운데 있는 우리의 존재 자체가 대가를 필요로 한다는 것입니다. 그런데 우리에게는 죄로부터 벗어나게 할 수 있는 것이 아무것도 없습니다. 오직 예수 그리스도의 십자가 보혈, 그 핏값만이 우리를 자유하게 할 수 있습니다.

예수 그리스도의 의의 전가

신학적인 의미에서 '전가'(轉嫁, imputation)란 의도적으로 개인의 죄나 의로움을 다른 사람에게 돌리는 것을 뜻합니다. 예수 그리스도의 죽음을 통해서 우리를 의롭게 하실 때 일어나는 세 가지의 '전가'가 있습니다. 첫째는, 아담의 죄가 전가되어 우리 또한 죄인이 된 것입니다. 아담은 모든 인류의 대표입니다. 또한 실제적으로 우리의 육신의 조상입니다. 죄의 유전의 원리에 따라 아담 안에서 우리는 죄를 지었습니다. 이는 마치 국가대표 선수들이 올림픽에 나가서 우승을 하면 '우리가 이겼다'고 하는 것과 같습니다. 이 대표의 원리에 따라 아담이 하나님 앞에 범죄함으로 우리 모든 인류가 죄인이 된 것입니다.

둘째는, 그리스도께서 우리를 대신해서 죽으심으로 하나님께서 그리스도의 구속을 통해서 우리의 죄를 그리스도에게로 전가시키신 것입니다. 우리가 구속받은 것은 그냥 눈감아 주신 것이 아닙니다. 우리의 죄를, 우리에게 임할 죄의 형벌을 그리스도께로 전가시켜 그분의 희생을 통해 우리를 용서하신 것입니다.

그러나 이것만으로는 의롭게 될 수 없습니다. 세 번째 전가가 이루어져야 합니다. 그것은 바로 그리스도 안에 있는 의로움이 우리에게 전가되는 것입니다. 죄를 알지도 못하신 분을 죄인으로 정죄하셔서 십자가에 죽게 내어 주신 것은 우리 모두에게 그리스도의 의를 선물로 주시기 위함입니다.

> "하나님께서는 죄를 알지도 못하신 분에게 우리 대신 죄를 짊어지게 하셨습니다. 이는 우리로 그리스도 안에서 하나님의 의가 되게 하시려는 것입니다"
> (고후 5:21).

로마서 3장 21절에서 '율법과 별개로 하나님의 의가 나타났다는 것'은 그리스도의 의를 우리에게 선물로 덧입혀 주시는 것을 의미합니다. 마틴 루터는 이것을 '위대한 교환'(The Great Exchange)이라고 말했습니다. 우리의 죄를 그리스도께 전가함으로, 그리스도께서 우리의 죄를 십자가에서 구속하심으로 그리고 그분의 의를 우리에게 전가해 주시는 이 위대한 교환이 일어남으로 우리를 의롭게 하신 것입니다.

우리가 받은 의롭다 함은 '사면'(赦免)이 아닙니다. 사면이란 엄밀히 말하면 정의를 저버리는 용서입니다. 분명히 죄가 있는데 눈감아 주는 것입니다. 우리를 의롭다 하시는 것은 죄에 대한 형벌이 분명히 집행되고 우리의 죄를 그리스도께 전가함으로 그리스도께서 대신 형벌을 받으셨기 때문입니다. 그리고 우리를 용서하셨기 때문입니다. 용서와 정의가 동시에 이루어지는 것, 이것이 의롭다 하시는 것입니다. 그래서 사면과 칭의는 다른 것입니다.

그리스도를 통해서 값없이 의롭다 함을 받은 이 은혜는 예수님을 믿는 데 필요한 기초 지식이 아닙니다. 이것이 신앙의 전부입니다. 그리스도의 구속하시는 은혜를 머리로 안다고 해서 수학 문제를 풀듯이 풀 수 있는 게 아닙니다. 우리는 일평생 값없이 의롭다 함을 받은 그 은혜 속에 거해야 합니다. 그것이, 그 고백이 날로 새로워지고 깊어져야 합니다. 그래야 그리스도께서 내 안에 거하시는 은혜를 누리게 되는 것입니다. 만일 이러한 구속의 은총에 대한 깊은 체험이 없으면 그리스도께서 내 안에, 내가 그리스도 안에 머무는 것이 상상이나 어떤 신비한 차원의 것으로만 머물게 됩니다. 그리스도께서 말씀하셨다는 자신의 생각 속에 머물게 되는 것입니다.

　하나님의 값없이 의롭다 함을 받은 이 십자가의 도를 통해서 우리 안에 구속하신 그리스도께서 머무시는 것, 이것이 진짜 복음 안에 거하는 것입니다. 그리고 그리스도의 구속을 통해서 의롭다 함을 얻게 되었을 때 일어나는 체험들이 이어집니다. 사슬과 사슬이 연결되어 있듯이 하나님의 은혜의 복음 안에 있는 여러 사실들이 다 연결되어 있는 것입니다.

하나님과 화목하라

　로마서 5장은 그리스도의 구속을 통해서 우리가 의롭다 함을 받을 때 일어나는 축복과 경험 중에서 먼저 하나님과의 화목(和睦)을 말씀합니다.

"그러므로 이제 우리가 그리스도의 피로써 의롭다는 인정을 받았으니 그리스도로 인해 하나님의 진노에서 확실히 구원받을 것입니다. 우리가 하나님과 원수 됐을 때 하나님의 아들이 죽으심으로 인해 그분과 화목하게 됐으니 화목하게 된 우리는 하나님의 생명으로 인해 확실히 구원을 받을 것입니다"(롬 5:9-10).

구속은 죄의 노예 상태에 있는 우리의 처지를 강조하는 것입니다. 죄의 노예 된 상태에서 자유하게 된 것을 구속이라 말하고, 우리의 죄로 인한 하나님의 진노가 하나님의 사랑으로 해결된 것을 화목이라 말합니다. 그로 인해 하나님과의 관계가 회복된 것을 설명하는 것입니다. 화목이 필요한 이유는 우리의 죄가 만들어 낸 하나님의 진노 때문입니다.

하나님의 진노라 할 때 우리는 자신의 분노와 연결해서 많이 왜곡되게 생각합니다. 그러나 하나님은 사소한 일로 화를 벌컥 내는 분이 아니십니다. 우리의 분노는 이기적이고, 불필요하고, 왜곡되고, 때로는 죄에서 나오는 감정 때문입니다. 예측 불가합니다. 그런데 하나님의 분노는 예측이 가능합니다. 하나님의 분노는 언제나 정확합니다. 그분은 죄와 악에 대해서만 분노하십니다.

우리는 때로 누가 착한 일을 해도 분노가 납니다. 사도행전 5장의 아나니아와 삽비라를 보십시오. 바나바가 모든 재산을 팔아서 헌금했다고 하자 마음속에 시기심이 생겼습니다. 그래서 바나바가 사람들에게 인정받는 것을 보면서 마음에 시험이 오고 분노가 일어나 자신들도 재산을 팔아 그것이 가진 전부라고 속이고 일부만 헌금한 것입니다. 이처럼 시기심에서 일어나는 악한 감정들이 우리의 마음을 틈탑니다. 그러나 하나님의 감정은 정확하게 죄와 악에 대해서만 분노하십니다.

하나님의 진노는 우리가 드리는 헌금, 노력, 봉사 등 그 어떤 것으로도 해결할 수 없습니다. 하나님의 진노를 해결할 수 있는 것은 회개하고 돌이켜 그리스도의 십자가 보혈로 죄를 씻는 것밖에 없습니다. 이것도 예측 가능한 것입니다. 죄에서 떠나고 돌이켜 그리스도의 십자가 보혈로 값없이 의롭게 되면 하나님의 분노는 씻어지는 것입니다. 하나님은 이렇게 정확한 분이십니다. 죄와 악에 대해서는 반드시 분노하시지만 십자가의 보혈로 값없이 의롭다 함을 받는 순간 하나님의 분노는 사라집니다. 인간이 만든 어떤 것으로도 하나님의 분노를 해결할 수 없기에 하나님의 아들이신 예수 그리스도께서 화목제물이 되신 것입니다.

하나님과 화목함으로 누리는 복

로마서 5장 1-11절은 그리스도를 통해서 값없이 의롭게 된 사람들에게 주어진 화목의 축복과 은혜가 무엇인지를 설명합니다. 첫째는, 그리스도를 통해서 하나님과 더불어 화평을 누리는 것입니다. 이 화평은 사실 감성적인 것입니다. 마음의 평안에서 우러나오는 관계의 회복을 뜻하는 것입니다.

"그러므로 우리는 믿음으로 의롭다는 인정을 받아 우리 주 예수 그리스도로 인해 하나님과 더불어 화평을 누리고 있습니다"(롬 5:1).

로마서 5장 10절은 '우리가 하나님과 원수가 되었다'고 말씀합니다. 하나님은 우리의 적이 아니십니다. 하나님은 한 번도 우리의 적이 되신 적이 없습니다. 우리가 하나님의 적이 된 것입니다. 우리가 하나님께 불순종하고 사탄의 음성을 따랐을 때, 하나님을 대적하는 대적의 자녀들이 된 것입니다. 우리 마음 가운데 하나님과 원래 누려야 할 화평의 관계를 누리고 있지 않다면 그것이 곧 원수 된 것입니다. 하나님 믿는 사람을 향해 적극적으로 돌을 던지는 것만이 대적이 아니라, 하나님과 누려야 할 화평, 하나님과 나눠야 할 기도의 축복과 은혜를 누리고 있지 않다면 이 또한 대적 관계에 있는 것입니다.

둘째는, 그리스도를 통해서 하나님의 영광을 바라고 즐거워하는 것입니다.

"또한 우리는 그분으로 인해 우리가 서 있는 은혜에 들어감을 얻었으며 하나님의 영광을 바라며 기뻐합니다"(롬 5:2).

로마서 3장 23절은 '모든 사람이 죄를 지었으므로 하나님의 영광에 이르지 못한다'고 말씀합니다. 하나님의 영광을 상실한 것입니다. 그런데 이제 그리스도의 구속으로 말미암아 의롭게 됨으로 하나님의 영광을 회복할 뿐만 아니라 기뻐하고 즐거워하게 되었다는 것입니다. 그 영광 가운데 살게 된 것입니다. 삶의 가장 중요한 관심이 하나님의 영광 됨인 것입니다.

하나님께 영광을 올려 드리는 것이 곧 우리 인생의 목적입니다. 그리고 그곳이 우리가 있어야 할 원래의 자리입니다. 하나님께 영광이 되는 일이라면 반드시 행하십시오. 그러나 하나님께 영광이 되지 않는다면 행하지 마십시오. 삶의 모든 기준과 목적과 동기가 하나님의 영광이 되는 것, 이것이 그리스도 안에서 그리스도를 통해 구속됨으로 의롭게 된 자가 누리는 화목의 축복입니다.

셋째는, 믿음으로 의롭게 된 자들이 성령으로 말미암아 하나님의 사랑이 그 마음에 부어진 축복을 받는 것입니다.

> "이 소망은 우리를 낙심시키지 않습니다. 하나님께서 우리에게 주신 성령으로 인해 그분의 사랑을 우리 마음에 부어 주셨기 때문입니다"(롬 5:5).

화목하게 된 자에게는 하나님의 사랑이 성령을 통해 부어집니다. 그리스도의 구속으로 말미암아 의롭게 된다는 것은 하나님의 사랑이 우리의 마음과 감정까지 충만히 지배하는 것입니다. 그 사랑이 얼마나 크고 깊은가를 평가할 수 있는 네 가지 기준이 있는데, 첫째는, '얼마나 큰 대가를 치렀는가'입니다. 둘째는, '얼마나 받을 가치가 없는 사람에게 주어졌는가'입니다. 셋째는, '그 사랑으로 인해 실제적으로 어떤 변화, 효과가 일어났는가'입니다. 넷째는, '얼마나 자발적으로 이루어졌는가'입니다. 이 네 가지 기준에 그리스도를 통해 우리를 화목하게 하신 하나님의 사랑을 대입해 보십시오.

첫째, 우리를 사랑하시는 그 사랑 때문에 치르신 대가가 무엇입니까? 그분의 아들의 죽음입니다.

"그러나 우리가 아직 죄인이었을 때 그리스도께서 우리를 위해 죽으심으로 하나님께서는 우리에 대한 그분의 사랑을 나타내셨습니다 … 우리가 하나님과 원수 됐을 때 하나님의 아들이 죽으심으로 인해 그분과 화목하게 됐으니 화목하게 된 우리는 하나님의 생명으로 인해 확실히 구원을 받을 것입니다"(롬 5:8, 10).

둘째, 우리가 어떤 상태일 때 사랑이 부어졌습니까? "우리가 아직 연약할 때"(롬 5:6), "우리가 아직 죄인이었을 때"(롬 5:8), "우리가 하나님과 원수 됐을 때"(롬 5:10)입니다. '연약할 때'란 하나님의 뜻을 따라 행할 수 있는 능력이 없을 때, 하나님의 영광을 위해 살아갈 능력이 없을 때를 의미합니다. '죄인이었을 때'는 하나님의 진노 아래 있을 때를 말합니다. 그리고 '원수 됐을 때'는 하나님을 대적하고 우상을 섬기는 상태에 있을 때를 뜻하는 것입니다. 하나님은 그때 우리를 사랑하시는 것입니다.

셋째, 그 사랑으로 인해 어떤 변화가 일어났습니까? 하나님과의 화목, 하나님과의 평화, 하나님을 기뻐하고 하나님의 사랑을 누리는 자가 되었습니다. 구원을 누리게 된 것입니다. 환난 속에서도 즐거워할 수 있게 되었고, 고난을 이길 수 있게 되었습니다. 우리가 상상할 수 없는 그 사랑의 효과가 나타나고 있는 것입니다.

넷째, 얼마나 자발적으로 이루어졌습니까? 예수님은 어쩔 수 없어서 십자가에 못박혀 죽으신 것이 아니라 스스로 그 십자가를 향해 나아가셨습니다.

"내 아버지가 나를 사랑하시는 까닭은 내가 생명을 다시 얻기 위해 생명을 내놓았기 때문이다. 누가 내게서 생명을 빼앗는 것이 아니라 내가 스스로 내놓는 것이다. 나는 그것을 내놓을 권세도 있고 또다시 얻을 권세도 있다. 이 계명은 내가 내 아버지께로부터 받은 것이다"(요 10:17-18).

우리는 그리스도의 구속을 통해서 값없이 의롭게 됨으로 하나님과 화목하게 되었습니다. 그분과의 화평을 누릴 수 있게 되었습니다. 하나님의 영광을 바라고 기뻐할 수 있게 되었습니다. 그분의 사랑이 우리 가운데 충만히 거할 수 있게 되었습니다. 이 모든 것을 가능하게 한 것은 바로 예수 그리스도의 죽음이었습니다. 그분의 죽음이 우리를 살리셨습니다.

†

그리스도를 통해서
값없이 의롭다 함을 받은 이 은혜는
예수님을 믿는 데 필요한 기초 지식이 아닙니다.
그것이 신앙의 전부입니다.
우리는 일평생 값없이 의롭다 함을 받은
그 은혜 속에 거해야 합니다.

3
그리스도를 통하여 하나님의 양자 됨을 아십니까?

"하나님, 곧 우리 주 예수 그리스도의 아버지를 찬양합니다. 하나님은 그리스도 안에서 하늘에 속한 모든 신령한 복으로 우리에게 복을 주신 분이십니다. 하나님은 세상이 창조되기 전에 그리스도 안에서 우리를 선택하셔서 사랑 가운데 그 앞에 거룩하고 흠이 없게 하셨습니다. 하나님은 그분의 기뻐하시는 뜻을 따라 우리를 예정하셔서 예수 그리스도로 말미암아 하나님의 양자가 되게 하셨습니다. 이는 하나님이 그분의 사랑하시는 아들 안에서 우리에게 거저 주신 하나님 은혜의 영광을 찬미하게 하기 위한 것입니다"(엡 1:3-6).

"당신은 누구입니까?"라는 질문 앞에 사람들은 어떤 대답을 내놓을까요? 사람들은 보통 자신의 이름을 대답할 것입니다. 아니면 직업이나 자신이 어떤 사회적 위치에 있는지를 대답할 것입니다. 그런데 "아니요, 정말 당신은 누구입니까?"라고 다시 질문한다면 무척 당황할 것입니다. 왜냐하면 많은 사람들이 실상은 자신이 진정 누구인지를 생각하지 않고 살아가기 때문입니다. 사람은 우주와 수많은 과학 법칙을 발견할 정도로 뛰어나지만 정작 자신은 이해하지 못합니다. 체스터턴은 "자아는 어느 별보다도 멀리 있다"고 말했습니다.

"나는 누구인가?"라는 이 질문 앞에 수많은 철학자들이 도전했습니다. 그러면서 내뱉는 말들이 참 어리석습니다. "나는 나다." 사실 말도 안 되는 말입니다. 그러나 이런 말이 사실은 세상의 철학과 사상이 대답할 수 있는 유일한 대답일지도 모릅니다. 우리는 살아가면서 많은 문제들을 만납니다. 하지만 진짜 문제의 원인은 내가 누구인지를 모르기 때문입니다. 그래서 다른 사람과 갈등하고, 우리에게 주어진 많은 문제들을 해결하지 못하고, 결국에는 자기 자신과도 갈등하는 것입니다.

어둠에서 빛으로

왜 인간은 자기가 누구인지를 모르는 것일까요? 그것은 인간이 어둠 속에 있기 때문입니다. 인간의 영혼은 빛이 들어오지 않는 캄캄한 밤과 같습니다. 그래서 자신의 진짜 모습, 자기 안에 있는 더러움을 보지 못하는 것입니다.

"그 심판은 이것인데, 곧 빛이 세상에 왔지만 사람들은 자기 행위가 악하기 때문에 빛 대신 어둠을 사랑한 것이다"(요 3:19).

사람들이 예수 그리스도를 자신의 구세주로, 구주로, 그리스도로 받아들이지 않는 이유는 그들이 어둠을 더 사랑하기 때문입니다. 그리스도께서 마음속에 들어가시는 순간 영적으로 파산한 상태가 드러나기 때문입니다. 그래서 어둠을 더 사랑하는 것입니다. 어둠 속에 들어가면 자신이 누구인지를 잊어버립니다. 자신이 누구인지를 생각하지 않아도 됩니다. 그래서 밝은 대낮보다 자신을 숨길 수 있는 어둠 속에서 죄를 더 많이 짓는 것입니다.

그리스도께서 세상에 오셔서 우리를 구속하심으로 우리에게 주어진 은혜는 우리가 누구인지를 분명히 깨닫게 된 것입니다. 우리가 어둠 속에서 살았던 이유는 아담 안에서 죄 가운데 태어났기 때문입니다. 그러나 그리스도의 구속하심을 통해서 값없이 의롭다 함을 받고 하나님과 화목하게 됨으로써 우리 안에 영적인 새 생명이 일어나게 되었습니다. 과거의 내가 아닌 또 다른 나, 곧 옛 사람이 아닌 새사람으로 태어난 것입니다.

　우리 안에 새사람이 일어나면 옛 사람과 새사람 사이에 갈등이 존재하게 됩니다. 그 안에서 새사람이 점점 자라나 이제는 옛 사람이 아닌 새사람으로 살아가는 것이 바로 그리스도인의 삶입니다. 단지 죄를 용서받고 죽은 후에 천국에 가는 삶을 말하는 것이 아닙니다. 그리스도를 주로 고백하고 값없이 의롭다 함을 받는 순간, 우리 안에 영적인 새 생명이 태어나서 옛 사람은 죽음과 함께 정리되고 우리의 새사람이 영원한 나라에 거하게 되는 것입니다. 이것은 죽음 이후가 아닌 현재에 일어나는 사건, 곧 지금 체험해야 하는 것입니다.

　그리스도인이란 어떤 일을 하는 사람 또는 어떤 것을 갖고 있는 사람이 아니라 어떤 사람이 되는 것입니다. 그리스도의 구속하심을 통해서 새로운 사람이 되어 새로운 신분을 얻게 되는 것입니다. 에베소서 1장 5절은 '그리스도를 통해서 우리가 하나님의 양자, 곧 하나님의 가족이 된다'고 말씀합니다. 하나님의 자녀로서 독생자 예수 그리스도처럼 이제는 아담 안에서 어두움을 사랑하는 존재가 아니라 빛을 사랑하는 존재가 되는 것입니다.

　우리는 날마다 어둠에 속한 인생을 사랑했던 옛 사람을 좇아 살 것인가, 아니면 날마다 자기를 부인하고 그리스도께서 내 안에 주님 되심으로 빛을 사랑하는 새사람이 될 것인가를 선택해야 하는 갈림길에 서 있습니다. 그리스도께서 내 안에 계시는 삶은 나의 선택과 자유의지와 결정을 다 무너뜨리는 것이 아닙니다. 우리의 선택과 자유의지 및 결정과 함께 그리스도께서 내 안에 거하심으로 이제는 빛 가운데로 걸어가는 삶을 사는 것입니다.

하나님의 선택과 예정

사도 바울은 그리스도 안에서 우리에게 주어진 하늘의 신령한 복이 있다고 이야기합니다.

> "하나님은 세상이 창조되기 전에 그리스도 안에서 우리를 선택하셔서 사랑 가운데 그 앞에 거룩하고 흠이 없게 하셨습니다. 하나님은 그분의 기뻐하시는 뜻을 따라 우리를 예정하셔서 예수 그리스도로 말미암아 하나님의 양자가 되게 하셨습니다"(엡 1:4-5).

그리스도 안에서 하늘에 속한 신령한 복을 언급할 때 제일 먼저 이야기한 것이 하나님의 '선택'과 '예정'입니다. 그런데 이 선택과 예정은 우리가 깨달을 수 있는 게 아닙니다. 이는 우리가 그리스도 안에서 받은 구원을 되돌아보며 고백하는 신앙의 고백입니다. 사도 바울도 이 선택에 관한 내용을 로마서 9장에 가서야 기록했습니다. 그리스도 안에서 우리에게 베풀어 주신 구원에 대한 놀라운 감격을 다 고백한 이후에, 그 무엇도 그리스도 예수 안에 있는 하나님의 사랑에서 우리를 끊을 수 없다고 고백한 이후에야 선택에 대해 말한 것입니다.
 하나님의 선택과 예정은 하나님께서 누구를 선택하고 선택하지 않으셨느냐, 누구를 예정하고 예정하지 않으셨느냐를 판단하라고 주신 단어가 아닙니다. 이는 예수 그리스도를 구주로 삼고 그리스도께서 내 안에, 내가 그리스도 안에 거하는 삶을 사는 사람들이 고백하는 신앙의 고백인 것입니다. 그래서 이 선택과 예정론의 대가인 장 칼뱅도 《기독교 강요》(Christianae Religionis Institutio)를 쓸 때 로마서의 순서와 같이 구원에 대한 가르침을 다 마친 이후에야 예정에 대해서 고백한 것입니다. 선택은 미래를 내다보는 관점이 아니라 과거를 돌아보는 고백이어야 합니다. 누가 구원받고 누가 구원받지 못할 것인가가 아니라, 그리스도께서 나를 구원하시고 내가 그리스도 안에 있는 것을 고백하며 감사하는 단어인 것입니다.

선택의 은혜를 받은 사람은 '나는 택함 받았어' 하는 교만이 아니라 하나님 앞에 겸손한 자가 됩니다. 자랑할 것이 없기 때문입니다. 내가 하나님을 선택했다면, 내가 믿기로 결단했다면 그 선택과 결단 이전에 하나님의 선택이 먼저 있었던 것입니다. 내가 붙잡은 것이 아니라 하나님께서 먼저 나를 붙잡아 주신 것입니다. 나의 깨달음 이전에 하나님께서 나를 택하셔서 그 깨달음의 과정을 주셨던 것입니다.

그리스도인이란 어떤 도를 터득해서 되는 것이 아닙니다. 우리를 선택하고 예정하셔서 부르신 하나님의 선택이 먼저 있어야 하는 것입니다. 놀랍게도 사도 바울은 그 시점을 '세상이 창조되기 전'이라고 고백합니다. 이는 만물이 조성된 이후에 인간의 타락을 전제해야 하는 것입니다. 하나님은 인간을 자유의지를 가진 존재로 창조하셨기 때문입니다. 하나님은 인간이 가진 타락의 가능성을 다 알고 계셨습니다. 이는 우리의 죄와 타락 너머에 있는 하나님의 선택과 그분의 기뻐하시는 계획과 뜻이 이미 우리 모두를 주관하고 계셨음을 뜻하는 것입니다.

우리는 시각을 넓혀야 합니다. 인간의 죄에 대한 대책으로 그리스도께서 세상에 오셔서 십자가를 지신 것이 아닙니다. 세상이 창조되기 이전부터 세상의 창조와 인간의 타락 그리고 인간을 구속하시는 그리스도의 구속 및 새 하늘과 새 땅의 완성이 하나님의 영원하신 계획 가운데 있었습니다. 그렇기에 하나님의 선택에 대해 아무도 자랑할 수 없습니다. 그것은 오직 값없이 주어진 하나님의 은혜인 것입니다.

우리가 선택받은 사람인가 아닌가는 우리가 거룩한 삶을 추구하고 있는가, 갈망하고 있는가를 질문해 보면 압니다. 때로 이런 고민을 하는 사람들이 있습니다. '정말 내가 선택받은 사람일까?' 이들은 선택받은 사람입니다. 하나님의 선택 가운데 있지 않은 사람에게는 이런 고민이 없기 때문입니다. 이런 고민 자체가 하나님께서 우리를 불러 가시는 과정인 것입니다. 이는 매우 놀라운 하나님의 은혜입니다.

양자 됨의 은혜

하나님의 선택의 목적은 무엇입니까? 아담과 하와가 타락 이전에 하나님과 누렸던 관계를 회복하는 것입니다. 거룩하고 흠이 없게 하시는 것입니다. 타락 이전의 인간은 거룩하고 흠이 없었습니다. 하나님과 온전한 관계를 누릴 수 있었습니다. 그래서 우리를 택하셔서 거룩하고 흠이 없게 하시는 것인데, 하나님은 거기서 멈추지 않으십니다. 우리를 그보다 더 높고 영광스러운 지점으로 인도하십니다. 우리를 택하셔서 거룩하고 흠이 없게 하시는 목적보다 더 높은 목적이 있다는 것입니다. 그것은 바로 우리를 하나님의 양자로 삼으신 것입니다.

"하나님은 그분의 기뻐하시는 뜻을 따라 우리를 예정하셔서 예수 그리스도로 말미암아 하나님의 양자가 되게 하셨습니다"(엡 1:5).

우리의 자녀 됨은 양자로서의 자녀 됨입니다. 하나님의 유일하신 아들은 예수 그리스도이시기 때문입니다. 우리는 그분을 통해서, 그분과 함께, 그분 안에서 하나님의 양자가 되었습니다. 원래 유대에는 양자라는 개념이 없습니다. 유대, 곧 구약 개념에서는 양자가 아니라 바로 자녀가 되는 것입니다. 양자 개념은 로마의 배경 속에서 사도 바울이 사용한 표현입니다. 그는 하나님께서 당신의 양자 된 자에게 양자의 영을 부어 주신다고 이야기합니다.

"여러분은 다시 두려움에 이르게 하는 종의 영을 받지 않고 양자의 영을 받았습니다. 우리는 그 영으로 아바 아버지라고 부릅니다. 성령은 친히 우리의 영과 더불어 우리가 하나님의 자녀임을 증거합니다. 우리가 자녀이면 또한 상속자입니다. 우리가 그리스도와 함께 영광을 받기 위해 그분과 더불어 고난을 받으면 우리는 하나님의 상속자요, 그리스도와 함께 상속자가 됩니다"(롬 8:15-17).

우리는 양자의 영을 받아 하나님을 아바 아버지라 부를 수 있게 되었습니다. 성령님은 우리의 영과 더불어 우리가 하나님의 자녀임을 증언하십니다. 그리고 그리스도와 함께 상속자가 되는 것입니다.

양자의 영을 받으면서 일어나는 변화가 있습니다. 양자의 영을 받은 자는 신분의 변화뿐 아니라, 성품과 인격의 변화까지 일어납니다. 하나님을 닮아 가는 존재가 되는 것입니다. 그리스도 안에 있는 하나님의 DNA를 받은 자가 되어서 그 양자의 영을 통해 하나님을 아바 아버지라고 부르며 그분을 닮아 가는 것입니다. 그래서 우리 안에 임재하시는 성령님이 중요한 것입니다. 그리스도의 거하심은 곧 성령의 임재하심입니다.

우리에게 양자의 영을 주셔서 하나님을 아바 아버지라 부르며 그분을 닮아 가게 하신 것이 왜 중요할까요? 어떤 사람들은 이렇게 질문합니다. '하나님은 인간이 타락할 것을 아시면서 왜 창조하셨을까?' 답은 간단합니다. 아담과 하와가 타락하지 않은 상태에서 하나님과 맺은 관계보다 타락한 이후에 그리스도의 구속을 통해서 하나님의 양자 됨으로 맺은 관계가 비교할 수 없을 정도로 더 축복되고 존귀하기 때문입니다.

하나님께서 그리스도의 구속을 통해 우리를 양자 삼으신 것은 단순히 타락의 죄의 영향을 없애 버리는 것에 멈추는 것이 아닙니다. 그 이상의 것입니다. 그리스도를 통한 구속은 죄를 범하지 않은 아담 그 이상의 상태로 넘어가는 것입니다. 아담은 무지한 상태에서 창조되었습니다. 그는 에덴동산이라는 낙원에 있었습니다. 하나님과 교제를 누릴 수 있는 사람이었습니다. 그러나 그는 여전히 피조물이었습니다.

우리는 아담을 하나님의 양자라고 말하지 않습니다. 그는 온전한 존재였음에도 그 이상은 넘어가지 못했습니다. 하나님의 형상을 따라 지음을 받았지만 신의 성품을 받았지, 양자의 영을 받은 자는 아니었습니다. 그러나 우리는 아담 안에서 타락한 존재로 태어났지만 둘째 아담으로 오신 그리스도를 통해 구속받은 자로서 아담과는 비교할 수 없는 신분과 지위와 능력과 축복을 받은 자가 된 것입니다.

그러면 하나님의 계획은 실패한 것입니까? 인간의 타락이 하나님의 계획을 실패하게 할 수는 없습니다. 그래서 사도 바울이 만물이 창조되기 전에 그리스도 안에서 우리를 선택하셔서 우리도 그리스도의 구속을 통해 하나님의 양자가 되게 하셨다며 이것을 찬송하리로다 고백한 것입니다.

우리가 찬송해야 될 이유가 바로 여기에 있습니다. 타락 이전의 아담의 상태와는 비교할 수 없는 더 영광스러운 축복을 우리에게 하나님의 양자 됨을 통해 주셨기 때문입니다. 아담은 타락하고 실패했지만, 우리는 비록 실패하고 타락할지라도 결코 버림받지 않으며, 그리스도의 구속을 통해 그 안에서 온전한 자가 되는 것입니다.

"나는 그들에게 영생을 준다. 그들은 영원히 멸망하지 않을 것이며 어느 누구도 내 손에서 그들을 빼앗을 수 없다. 그들을 내게 주신 내 아버지는 모든 것보다 더 크신 분이다. 어느 누구도 그들을 내 아버지의 손에서 빼앗을 수 없다"
(요 10:28-29).

아담은 그 생명을 사탄에게 빼앗겨 버렸습니다. 그러나 그리스도를 통해 양자 되게 하신 우리의 생명은 결코 빼앗기지 않는다고 말씀합니다. 타락 이전의 아담과는 비교할 수 없는 놀라운 신분과 수준과 축복을 우리에게 허락하시는 것입니다.

"이는 하나님이 그분의 사랑하시는 아들 안에서 우리에게 거저 주신 하나님 은혜의 영광을 찬미하게 하기 위한 것입니다"(엡 1:6).

이 선택과 구속과 양자 됨의 은혜에는 목적이 있습니다. 바로 선교적인 목적입니다. 이 선택의 교리를 어렵게 느끼는 건 "왜?"라는 질문만 던지기 때문입니다. 그건 우리가 대답할 수 있는 게 아닙니다. '하나님의 사랑과 놀라운 은혜'라는 게 우리가 할 수 있는 대답의 전부입니다. 하나님의 선택의 은혜, 구속의 은혜, 양자 됨의 은혜를 받은 자는 하나님의 사랑을 찬미합니다. 여기서 찬미는 넓은 의미로 볼 때 증거, 곧 선교입니다. 선교란 먼저 선택받은 자들이 자신들에게 거저 주신 하나님의 은혜의 영광을 찬미하고, 선교의 대상자들이 다시 동일하게 하나님의 은혜의 영광을 찬미하게 하는 것입니다.

선택의 교리는 일부만 하나님께서 사랑하시고 나머지는 미워하신다는 잔인한 교리가 아닙니다. 먼저 선택받아 이 구속의 은혜를 받은 자로 하여금 열방의 모든 사람들도 하나님의 은혜의 영광을 찬미하도록 증거하는 것, 이것이 진정 이 은혜를 받은 자에게서 나타나야 하는 모습입니다. 우리는 이 은혜의 영광을 찬미하고 증거하며 살아야 합니다.

　우리는 타락 이전의 아담과는 비교할 수 없을 정도로 놀라운 양자 됨의 은혜와 축복을 받았습니다. 이 은혜와 축복을 날마다 누리며 아바 아버지와 동행하는 매일의 삶을 살아가십시오. 우리의 신분은 '하나님의 자녀'입니다.

4
그리스도를 통하여
은혜의 보좌 앞에 나아가십니까?

"이와 같이 우리에게 하늘로 올라가신 위대한 대제사장, 곧 하나님의 아들 예수가 계시니 우리가 고백한 신앙을 굳게 지킵시다. 이는 우리에게 계신 대제사장은 우리의 연약함을 동정하지 못하시는 분이 아니며 또한 모든 면에서 우리와 동일하게 시험을 당하셨으나 죄가 없으신 분이기 때문입니다. 그러므로 자비하심을 얻고 필요할 때 도우시는 은혜를 얻기 위해 은혜의 보좌 앞으로 담대히 나아갑시다 … 그러므로 형제 여러분, 우리는 예수의 피로 인해 지성소에 들어갈 담대한 마음을 갖게 됐습니다. 그 길은 예수께서 우리를 위해 휘장을 통해 열어 놓으신 새롭고 산 길입니다. 그런데 이 휘장은 바로 그분의 육체입니다. 또한 우리에게는 하나님의 집을 다스리는 위대한 제사장이 계십니다. 우리가 죄악 된 양심으로부터 마음을 깨끗이 씻고 맑은 물로 몸을 씻었으므로 확신에 찬 믿음과 참된 마음으로 하나님께 나아갑시다"(히 4:14-16, 10:19-22).

세상 사람들은 지금 이 시대를 가리켜 '불확실성의 시대'라고 말합니다. 그러나 그리스도인들에게는 모든 것이 확실합니다. 왜냐하면 역사를 주관하시는 하나님의 살아 계심, 하나님의 주권을 믿기 때문입니다. 하나님의 말씀인 성경을 보십시오. 시작과 끝이 있습니다. 역사가 어떻게 움직이는지를 말씀하십니다. 이 세상의 역사 너머에 어떤 세상이 있는지를 약속하십니다. 역사를 주관하시는 하나님의 주권을 믿기에, 또한 하나님께서 당신의 자녀들의 기도를 통해서 역사를 움직이심을 믿기에 우리에게는 모든 것이 확실합니다.

　하나님께서 자연을 창조하실 때, 그에 필요한 법칙을 만들어 자연을 다스리심과 같이 영적 세계에도 하나님의 법칙이 있습니다. 하나님께서 그 영적인 법칙대로 역사하실 것을 믿기에 우리는 확신합니다. 우리는 그 영적인 법칙을 하나님의 섭리하심 속에서 하나씩 깨달아 가고 있습니다. 그리스도를 통해서, 그리스도와 함께, 그리스도 안에서, 또한 그리스도 아래서 우리를 변화시키시는 하나님의 놀라운 계획들을 체험할 때, 우리는 불확실한 시대가 아닌 너무나도 분명한 확신 속에 이 시대를 살아가는 것입니다.

은혜의 보좌로 나아가는 기도

우리는 그리스도의 구속을 통해 값없이 의롭다 함을 받았습니다. 하나님과 화목하게 되는 은혜를 받았습니다. 양자의 영을 받음으로 이제 하나님을 아바 아버지라 부르는 놀라운 축복을 받았습니다. 그것은 타락 이전에 아담이 누렸던 하나님과의 관계와는 비교할 수 없는 은혜입니다. 죄짓기 이전의 아담은 완전한 상태였지만 피조물일 뿐이요, 하나님께 대한 깊은 찬양과 감사와 구속의 은혜로 인한 감격은 없었습니다.

우리가 값없이 의롭다 함을 받은 것은 타락 이전의 아담의 상태로 돌아가는 것이 아니라 그 이상의 축복 속으로 들어가는 것입니다. 아담이 누릴 수 없었던, 하나님을 아바 아버지라 부르며 양자의 영을 받은 자로 하나님 앞에 담대히 나아갈 수 있는 존재가 되는 것입니다. 아담은 죄가 없었지만 죄지을 가능성이 있는 존재였습니다. 그런데 값없이 의롭다 함을 받은 은혜로 인해 우리에게 주어지는 영광스러운 상태는 죄가 없을 뿐만 아니라, 죄를 지을 수 있는 가능성조차 없어진 상태입니다. 이 두 가지를 비교해 보면 어느 것이 더 영광스럽습니까?

우리 앞에 놓인 온전한 구원은 값없이 의롭다 함을 받음으로부터 시작되었습니다. 이제 우리는 죄지을 가능성조차 없는 온전히 영광스러운 상태로 변화시켜 가시는 과정 중에 있습니다. 그러므로 우리는 확실한 믿음을 가지고 살아갈 수 있게 되었습니다. 성경은 값없이 의롭다 함을 받아 하나님과 화목하게 되고 양자의 영을 받은 그리스도인들이 이제는 하나님의 은혜의 보좌 앞에 담대히 나아가는 축복과 은혜를 누릴 수 있게 되었다고 말씀합니다. 이 은혜가 우리에게 주어졌습니다. 하나님 앞에 담대히 나아가는 은혜를 누리십시오. 은혜의 보좌 앞에 담대히 나아가는 것은 곧 기도입니다.

왜 기도하지 않습니까? 왜 은혜의 보좌 앞으로 나아가지 않습니까? 첫 번째 이유는, 나아갈 필요가 없다고 생각하기 때문입니다. 때로 우리는 '육신이 약하기 때문에 기도하지 않는다'고 말합니다. 그러나 사실은 정확한 말이 아닙니다. 약하기 때문이 아니라 악하기 때문에 기도하지 않는 것입니다. 약하기 때문에 기도하지 못한다는 것은 교만이요, 악한 것입니다. 은혜를 필요로 하지 않는 것, 그리스도의 은혜가 없어도 잘산다고 생각하는 것이 교만이고 악입니다. 이는 여호와를 경외하지 않는 것입니다.

"그러므로 자비하심을 얻고 필요할 때 도우시는 은혜를 얻기 위해 은혜의 보좌 앞으로 담대히 나아갑시다 … 그러므로 형제 여러분, 우리는 예수의 피로 인해 지성소에 들어갈 담대한 마음을 갖게 됐습니다"(히 4:16, 10:19).

사람들이 하나님 앞에 기도로 나아가지 않는 두 번째 이유는, 두려움 때문입니다. 위의 두 구절에서 반복되는 단어는 '담대함'인데, 그리스도의 구속을 통해 값없이 의롭게 되지 않은 사람에게는 담대함이 없습니다. 하나님 앞에 나아가기에 앞서 해결되지 않은 문제가 있는 것입니다. 이로 인해 두려움이 생기는 것입니다.

담대함은 선천적으로 용기백배한 것이 아닙니다. 천지를 창조하시고 우리의 모든 마음을 감찰하시며 세상을 심판하시는 하나님, 우리에게 양심을 넣어 주시고 그 양심을 통해 우리를 일깨우시는 하나님 앞에서 담대함을 갖기란 쉬운 일이 아닙니다. 윤동주 시인의 고백대로 하늘을 우러러 한 점 부끄럼이 없기를 갈망하지만 그럴 수 없는 것이 우리 인간입니다. 그런데 수없이 많은 부끄러움에도 불구하고 하나님께서 우리를 값없이 의롭다 하시는 그 은혜 앞에서 우리는 부끄러움 없이 나아갈 수 있습니다. 이것이 우리가 담대할 수 있는 이유입니다.

영원한 대제사장, 예수 그리스도

이러한 은혜는 우리의 대제사장 되신 예수 그리스도를 통해서만 얻을 수 있습니다. 예수님의 십자가 사건은 과거 2천 년 전에 있었던 단 한 번의 역사적 사건으로 끝나 버리는 것이 아니기 때문입니다. 그분의 죽음과 부활과 승천은 지금도 우리의 모든 심령이 하나님의 은혜의 보좌 앞에 담대히 나아가도록 도우시는 대제사장 되신 예수 그리스도의 사역의 근거가 됩니다.

"이와 같이 우리에게 하늘로 올라가신 위대한 대제사장, 곧 하나님의 아들 예수가 계시니 우리가 고백한 신앙을 굳게 지킵시다"(히 4:14).

그분은 영원히 사시는 분으로 우리의 영원한 대제사장이 되십니다. 그분은 한때 죽으셨지만 다시 살아나심으로 말미암아 그분의 인성은 더 이상 죽지 않는 영원한 생명으로 회복되셨습니다. 예수님께서 십자가에서 죽으시고 부활하시고 승천하실 때 그분의 인성은 사라지고 신성만 올라가신 것이 아닙니다. 예수님은 십자가에서 죽으신 그 몸으로 부활하신 것이고, 그 몸으로 승천하신 것이며, 그 몸으로 지금도 하늘에 계십니다. 그리고 그 몸으로 다시 오실 것입니다.

예수님은 완전한 하나님이신 동시에 완전한 사람으로서 지금도 우리를 위해서 대제사장의 직분을 감당하고 계십니다. 이것이 우리에게 어떤 의미가 있습니까? 그분은 우리가 이 땅에서 당하는 모든 죄와 시험과 유혹과 연약함을 다 아신다는 것입니다.

"이는 우리에게 계신 대제사장은 우리의 연약함을 동정하지 못하시는 분이 아니며 또한 모든 면에서 우리와 동일하게 시험을 당하셨으나 죄가 없으신 분이기 때문입니다"(히 4:15).

'모든 면에서 우리와 동일하게 시험을 당하셨다'는 것은 사람들이 감당하는 모든 시험, 연약함, 유혹과 같은 것들을 다 이해하실 수 있다는 것입니다. 어떻게 이것이 가능할까요? 우리는 대개 선하고 의로우면 죄를 모른다고 생각하지만 이는 착각입니다. C. S. 루이스는 "예수님이야말로 유혹과 시험이 무엇인지 가장 잘, 온전하게 아시는 유일한 분이다"라고 말했습니다. 그는 그 이유를 이렇게 설명합니다.

어떤 유혹과 시험의 강도는 그것에 저항해 본 사람만이 알 수 있습니다. 바람을 맞서 달려 본 사람만이 그 바람의 강도를 느낄 수 있고, 전투를 해 본 사람만이 상대방의 전력을 알 수 있는 것입니다. 사실 우리가 사탄의 유혹과 시험이 얼마나 강한지를 잘 모르는 이유는 타협하고 항복했기 때문입니다. 악한 사람들은 항상 악과 타협하고 굴복하며 살기 때문에 악의 힘을 잘 모릅니다. 반면 거룩하게 살려 할수록 죄악이 얼마나 무서운지를 더 강하게 느끼게 됩니다. 그렇기에 예수님은 우리에게 닥치는 유혹과 시험이 얼마나 강한지를 가장 잘 아십니다. 그분은 우리와 동일하게 시험을 당하셨으나 한 번도 죄를 범하지 않으신 분이기 때문입니다. 이는 저절로 그렇게 된 것이 아니라 모든 것과 싸워 이기셨기 때문입니다.

예수님은 자신의 죽음으로 속죄를 이루시기까지 죄와 맞서 싸우셨습니다. 그렇기에 예수님만이 인간이 당하는 모든 유혹과 시험이 어떤 것인지를 가장 잘 알고 계십니다. 지금도 예수님은 대제사장이 되셔서 영원히 우리의 연약함을 동정하고 계십니다.

그분은 이 땅에서 평생 우리를 위해 사셨습니다. 우리를 위해 생명을 내어놓으셨습니다. 뿐만 아니라 지금도 우리를 위해 중보기도하고 계십니다. 자신을 이 땅에서 내어 주셨을 뿐만 아니라 지금도 하나님 우편에서 우리의 대언자요, 중보자요, 변호자로 일하고 계십니다. 우리가 하나님의 보호하심을 누리는 것은 그리고 우리가 하나님의 양자 됨으로 하나님의 은혜의 보좌 앞에 담대히 나아갈 수 있는 것은 그리스도의 중보하심이 있기 때문입니다.

"나는 너희가 있을 곳을 마련하러 간다"(요 14:2)는 말씀은 어떤 보이는 건물만이 아니라 우리가 하나님의 은혜의 보좌 앞에 나아갈 수 있도록 도우시는 중보의 역사를 뜻합니다. 우리가 기도하고 하나님의 은혜를 깨달으며 하나님의 돌보심을 받을 수 있는 것은 그리스도의 중보하심이 있기 때문입니다. 그분의 보좌는 은혜의 보좌입니다. 심판의 보좌, 공의의 보좌, 율법의 보좌가 아니라 은혜의 보좌라고 부르는 이유는 예수 그리스도의 값없이 주시는 의로움 때문에, 그분께서 우리의 화목 제물이 되셨기 때문에 그리고 그분께서 우리의 중보자가 되시기 때문입니다.

보좌는 왕이 앉는 자리입니다. 우리는 왕 되신 하나님 앞에 담대히 나아갈 수 있습니다. 여기서 담대히 나아간다는 것은 건방지게 나아간다는 뜻이 아닙니다. 두렵고 떨림으로, 경외함으로 나아가지만 그와 동시에 아무런 거리낌 없이, 친밀하게 나아가는 것입니다. 이 담대함은 스스로 만들어 낼 수 있는 것이 아닙니다. 어떤 고행을 통해서 얻어지는 것도 아닙니다. 오직 그리스도의 값없이 주시는 구속의 은혜를 깊이 깨달을 때 그 안에서만 얻을 수 있는 것입니다. 이 담대함을 얻고 은혜의 보좌 앞에 나아가는 삶의 비밀이 무엇인지를 깨닫는 것이 참된 그리스도인의 삶입니다.

마틴 루터의 기도를 들은 한 사람이 이렇게 말했습니다. "그의 기도 한마디 한마디가 얼마나 확신에 차 있고 생명이 넘치던지, 하나님께 호소하는 사람처럼 경외함으로 기도하는 동시에 너무나 사랑스러운 아버지, 너무나 친밀한 친구에게 말하듯이 소망과 확신에 차서 기도하는 것을 보았다." 이러한 소망과 확신을 가지고 기도하십시오. 은혜의 보좌 앞에 담대히 나아가는 역사가 일어날 것입니다.

담대함을 가지라

은혜의 보좌 앞에 나아가는 담대함에는 세 가지가 있습니다. 첫째는, 하나님 앞에 드러나는 우리의 죄와 허물을 십자가 앞에 인정하는 담대함입니다. 담대함이라는 단어에는 '정직하고 솔직하고 온전한 판단으로 인정하는 것'이라는 뜻이 들어 있습니다. 우리의 죄와 두려움을 고백하며 우리의 마음속에 일어나는 성령께서 깨닫게 하시는 모든 것들을 있는 그대로 다 내놓는 것입니다.

"하나님의 말씀은 살아 있고 힘이 있으며 양날 선 어떤 칼보다도 더 예리해 혼과 영과 관절과 골수까지 찔러 쪼개기까지 하며 마음의 생각과 의도를 분별해 냅니다. 그러므로 어떤 피조물이라도 하나님 앞에 숨을 수 없고 오히려 모든 것은 우리에게서 진술을 받으실 그분의 눈앞에 벌거벗은 채 드러나 있습니다"(히 4:12-13).

하나님의 말씀 앞에 서면 마치 거울 앞에서 우리의 더러움이 드러나듯이 우리의 마음과 생각과 의도의 더럽고 추함이 드러납니다. 그러한 것들이 드러나면 십자가 앞에 담대히 무릎 꿇어야 합니다. 그런데 우리는 역으로 세상이 주는, 사탄이 주는 담대함으로 묻어 버립니다. 담대하게 묻으면 안 됩니다. 담대하게 드러내야 합니다. 하나님의 말씀 앞에 드러난 죄를 십자가 앞에서 인정하는 담대함은 성령께서 주십니다.

둘째는, 하나님의 뜻대로 무엇이든지 구하면 응답해 주신다는 담대함입니다.

"하나님을 향해 우리가 갖는 확신은 이것입니다. 곧 무엇이든지 우리가 그분의 뜻을 따라 구하면 하나님께서 우리가 구하는 것을 들어주신다는 것입니다. 그리고 우리가 무엇을 구하든지 하나님께서 들어주시는 것을 알면 우리는 우리가 구한 것들을 그분으로부터 받는다는 것도 압니다"(요일 5:14-15).

양자의 영을 받은 하나님의 사람들은 아버지 하나님의 뜻대로 담대하게 기도합니다. 하나님은 은혜의 보좌에서 당신의 약속에 매여 계십니다. 그 은혜의 보좌에 계신 하나님 앞에 우리가 하나님의 약속들을 붙잡고 나아가면 "구하라. 그러면 너희에게 주실 것이다. 찾으라. 그러면 너희가 찾을 것이다. 문을 두드리라. 그러면 너희에게 문이 열릴 것이다"(마 7:7)라는 약속을 하나님께서 이행하신다는 것입니다. 그래서 은혜의 보좌인 것입니다.

셋째는, 다른 사람의 필요를 발견했을 때 그를 돕는 은혜를 얻기 위해 은혜의 보좌 앞에 나아가는 담대함입니다. 사람들은 보통 자기 중심적입니다. 그리스도인들조차도 '돕는 은혜'라 하면 자신의 필요만을 생각하기가 쉽습니다. 우리는 내가 아닌 다른 사람, 우리 교회가 아닌 이웃 교회, 더 나아가 한국 교회의 돕는 은혜를 위해 기도하는 그리스도인이 되어야 합니다.

하나님께서 택하신 이스라엘을 멸망시키지 말아 달라고 기도하는 모세의 기도를 보십시오.

"만약 주께서 이 백성들을 단번에 다 죽여 버리신다면 주에 대한 이런 소문을 들은 나라들이 이렇게 말할 것입니다. '여호와가 이 백성을 그분이 맹세한 땅으로 들여보낼 수 없어서 그들을 광야에서 죽여 버렸다'라고 말입니다"(민 14:15-16).

여호수아도 아이 성에서 패했을 때 이렇게 담대하게 기도했습니다.

"가나안 사람과 이 땅에 살고 있는 모든 사람들이 이 소식을 듣고 우리를 포위하고 이 땅에서 우리 이름을 없앨 것입니다. 그렇게 되면 주의 위대하신 이름이 어떻게 되겠습니까?"(수 7:9).

우리에게도 모세와 여호수아처럼 다른 사람을 돕는 은혜가 필요합니다.

우리는 하나님이 무서워서가 아니라 하나님을 사랑하기 때문에 믿어야 합니다. 담대함은 두려운 마음이 아닌 하나님을 사랑하는 마음에 임합니다. 하나님께서 허락하신 담대한 마음으로 말씀 앞에 드러나는 죄와 허물을 인정하고, 하나님의 뜻을 구하며, 나의 필요가 아닌 다른 사람의 필요를 위해 은혜의 보좌 앞으로 나아가는 삶을 살아가십시오.

2부 /

그리스도와 함께

With Christ

세상을 이기는 이김은 믿음입니다.
그 믿음은 무엇입니까?
예수님과 함께 십자가에 못 박힘으로
내적으로는 죄에 대해, 외적으로는 세상에 대해
죽은 자가 되는 것입니다.
죄에서 벗어나 자유하게 되기 위해서는
죽은 자가 되어야 합니다.

5
그리스도와 함께 십자가에 못 박혔습니다

"나는 그리스도와 함께 십자가에 못 박혔습니다. 그러므로 이제 더 이상 내가 사는 것이 아니라 내 안에 그리스도께서 사시는 것입니다. 지금 내가 육체 안에 사는 것은 나를 사랑하셔서 나를 위해 자신의 몸을 내주신 하나님의 아들을 믿는 믿음으로 사는 것입니다 … 그러나 내게는 우리 주 예수 그리스도의 십자가 외에는 결코 자랑할 것이 없습니다. 그리스도로 인해 세상이 내게 대해 십자가에 못 박혔고 나 또한 세상에 대해 그러합니다" (갈 2:20, 6:14).

우리는 그리스도와 함께 십자가에 못 박혔습니다. 우리에게 주어지는 이 삶의 능력은 그리스도와 함께 주어지는 것입니다. 그리스도는 십자가에서 혼자 죽으신 것이 아닙니다. 우리를 그 죽음으로 초대하셨습니다. "나를 따르려거든 자기를 부인하고 자기 십자가를 지고 따라야 한다"(마 16:24).

우리는 '자기 십자가'를 잘못 해석하는 경향이 있습니다. 이를 자기가 하기 싫은 어떤 것, 예를 들면, 힘겨운 시집살이, 감당하기 싫은 직장에서의 삶과 같은 것들로 규정합니다. 이는 예수님께서 말씀하신 본래의 의미가 아닙니다. 예수님께서 말씀하신 '자기 십자가'는 예수님께서 십자가를 지심으로 죽으신 그 죽음에 우리도 함께 죽으라는 것입니다. 그럴 때 우리 삶에 놀라운 능력이 나타납니다.

예수님을 믿지만 삶에 변화가 없는 것은 그리스도께서 우리를 위해 행하신 것을 믿는 믿음 속에 감추어진 진리를 깨닫고 체험하지 않기 때문입니다. 예수님은 고난, 죽음, 부활, 승천 그리고 재림이라는 구원 역사의 모든 단계마다 우리를 초청하십니다. 그리고 우리는 그분과 함께 그 모든 사건을 경험할 수 있습니다.

기독교 사상가이자 신학자인 프란시스 쉐퍼는 구원 역사의 다섯

가지 시점에 대해 다음과 같이 정리했습니다. 첫째는, 예수님께서 십자가에서 죽으심으로 구원을 완성하신 역사적 시점입니다. 둘째는, 예수님을 구세주로 영접해서 그 구원의 효력을 경험하기 시작한 시점입니다. 셋째는, 예수님을 구세주로 영접했을 때 우리가 그리스도와 함께 죽은 시점입니다. 넷째는, 예수님과 함께 죽고 장사되었다가 예수님의 부활과 함께 다시 살아난 시점입니다. 그리고 다섯째는, 예수님께서 재림하실 때 예수님과 함께 영광 중에 나타나는 시점입니다.

사실 이것은 동일한 은혜입니다. 이것을 세분화하는 이유는, 체험을 통해 그것이 우리 삶 속에서 능력 있는 진리가 되게 하기 위해서입니다. 그리고 사도 바울이 그것을 성령 안에서 세분화해서 우리에게 기록해 주었기 때문입니다(롬 6장, 갈 2장 참조).

로마서 5장에서 반복되는 전치사는 'through'입니다. 개역개정 성경은 '통하여, 말미암아'라고 번역했고, 우리말 성경은 '인해'라고 번역했습니다. 이는 그리스도로 인해 값없이 의롭다 함을 받은 칭의, 의롭다 함을 받은 구원을 설명합니다. 로마서 6장으로 넘어오면, 여기서 자주 반복되는 전치사는 'with'(함께)입니다. 성화의 구원, 곧 거룩함을 이루는 구원을 설명함에 있어 전치사를 바꿔서 사용하는 것입니다. 로마서 5장에서는 주어인 '그리스도'가 제일 먼저 나옵니다. 그러나 6장에서는 주어가 '우리'로 바뀝니다. 이는 그리스도와 함께 체험하는 구원의 은혜를 설명하는 것입니다. 같은 구원이지만 다른 각도에서 더 깊이 묵상하는 것입니다.

십자가, 그 죽음의 자리에로의 초청

대부분의 그리스도인들은 '예수님께서 나를 위해서, 나를 대신해서 죽으셨다'는 사실을 믿습니다. 그런데 그들은 종종 '나를 위해서'라는 단어에 머물러 버립니다. 예수님은 우리를 십자가로 초청하십니다. 그리고 함께 죽자고 말씀하십니다. 예수님과 함께 죽어야 사는 것이기 때문입니다. 본회퍼는 "주님께서 나를 따르라고 부르신 것은 나와 함께 죽자고 초청하신 것이다"라고 말했습니다.

'나를 위해서'에만 머물러 있으면 십자가의 능력과 은혜를 체험하지 못합니다. 성화의 삶이 체험되지 않았기 때문입니다. 우리를 의롭다 하신 은혜가 거룩하고 의로운 삶으로 나타나지 않는 것은 그리스도와 함께 이루어진 일들을 믿고 받아들이지 않기 때문입니다. 그 진리에 귀를 기울이지 않기 때문입니다. 그리스도께서는 십자가에서 죽으심으로 이중적 일을 이루셨습니다. 첫째는 우리를 위해서 의를 이루신 일입니다. 둘째는 우리를 위해서 생명을 얻으신 일입니다.

우리를 위해서 의를 이루신 일을 말할 때는 '그리스도께서 우리 죄를 위해서 죽으셨다'는 표현을 사용합니다. 그리스도께서 우리 죄를 위해 죽으셨다고 할 때는 우리를 의롭게 하신 일을 일컫는 말입니다. 그로 인해 우리는 받아야 될 죄의 형벌 대신 값없이 의롭다 함을 받는 칭의를 얻게 된 것입니다. 우리에게는 값없지만 예수님께는 자신의 생명을 내놓는 희생으로 우리가 의롭다 함을 받은 것입니다.

그런데 우리를 위해서 생명을 얻으신 일을 말할 때는 '그리스도께서 죄에 대해 죽으셨다'는 표현을 사용합니다. 어떤 차이가 있습니까? 그리스도께서 죄에 대해 죽으셨다는 것은 다시 말해 예수님과 죄의 관계를 설명하는 것입니다. 그리스도께서는 인간으로서 우리가 받는 모든 죄의 영향력, 죄의 공격, 죄의 유혹과 시험을 다 당하셨습니다. 그분이 인간이 당한 모든 시험을 가장 잘 이해하시는 분인 까닭은 가장 거룩하신 분이기 때문입니다.

죄와 타협하며 죄의 유혹 속에 적당히 지며 사는 사람은 죄의 유혹이 얼마나 강하고 무서운지를 모릅니다. 우리가 거룩하고 의롭게 살려 하면 할수록 죄의 힘이 얼마나 무서운지를 더 깨닫게 됩니다. 그런데 예수님을 공격하는 모든 공격이 죽음을 통해서 더 이상 그리스도를 시험하거나 공격할 수 없게 되었습니다. 그리스도께서 죄와 완전히 갈라지심으로써 죄에 대해 죽게 되신 것입니다.

우리를 위해 죽으신 그리스도를 믿을 때, 믿는 자들은 그리스도께서 죄에 대해 죽으심과 같이 그리스도와 함께 죄에 대해 죽은 자가 됩니다. 또한 예수님께서 죄에 대해 죽으심으로 더 이상 죄가 그분을 공격할 수 없듯이 우리도 그분과 같이 죄에 대해 죽은 자가 되어 더 이상 죄의 공격을 받지 않게 됩니다. 이는 그리스도 안에 있는 새 생명으로 육체가 아닌 성령을 따라 살기 때문입니다.

"이제 더 이상 내가 사는 것이 아니라 내 안에 그리스도께서 사시는 것입니다. 지금 내가 육체 안에 사는 것은 나를 사랑하셔서 나를 위해 자신의 몸을 내주신 하나님의 아들을 믿는 믿음으로 사는 것입니다"(갈 2:20).

성령을 따라 산다고 해서 육체 안에 사는 삶이 없어진 것은 아닙니다. '이제 내가 사는 것이 아니라'는 말씀은 세상을 끝내고 그냥 죽었다, 육체적으로 죽었다는 뜻이 아니라, 나는 여전히 육체 가운데 살아가고 있지만 우리 몸을 지배하던 육신의 성향, 곧 죄악의 성향이 죄에 대해 죽으신 그리스도를 믿음으로 우리 또한 죄에 대해 죽는 체험을 하고 성령의 능력 가운데 거듭난 삶을 살아간다는 것입니다. 이는 '우리를 사랑하셔서 우리를 위해 자신의 몸을 내주신 하나님의 아들을 믿는 믿음으로 살아가는 것'입니다. 이것이 우리 삶의 비밀과 축복입니다.

옛 사람을 십자가에 못 박으라

우리는 십자가에 못 박히신 그리스도를 믿는 믿음으로 십자가에 못 박힌 그리스도인이 됩니다. 이 둘은 서로 하나가 되는 것입니다. 그리스도는 십자가에서 혼자 죽으신 것이 아닙니다. 내적으로는 믿음으로, 외적으로는 세례를 통해 우리는 그리스도의 죽음과 함께 죽는 체험을 하는 것입니다. 우리가 죄에 대해 죽은 자가 될 수 있는 이유는 죄에 대해 죽으신 그리스도와 함께 우리의 옛 사람이 십자가에 못 박혀 죽었기 때문입니다.

"우리가 그리스도의 죽으심과 같은 죽음으로 그분과 연합한 사람이 됐다면 분명히 우리는 그리스도의 부활하심과 같은 부활로도 그분과 연합한 사람이 될 것입니다. 우리의 옛 사람이 십자가에 못 박힌 것은 죄의 몸이 멸해져 우리가 더 이상 죄의 종이 되지 않게 하려는 것임을 압니다. 이는 죽은 사람은 이미 죄에서 벗어났기 때문입니다"(롬 6:5-7).

세례란 무엇입니까? 세례를 물로 씻음 받는 것이라고만 생각하면 피상적으로 이해하는 것입니다. 왜 세례가 우리를 씻는 사건입니까? 이는 우리의 옛 사람이 예수님과 함께 십자가에 못 박혀 죽고 함께 살아나는 사건이기 때문입니다. 세례의 원단어는 '밥티조'인데 이 단어의 원래의 뜻은 '물에 잠기다'입니다. 물에 잠긴다는 것은 죽음을 의미합니다. 그리고 물에서 다시 나오는 것은 다시 사는 것을 의미합니다. 다시 말해, 세례란 죽음과 부활인 것입니다.

신앙은 교육이나 다짐 또는 서약으로 아담 안에서 살아왔던 나의 옛 사람이 개선되는 것을 말하는 게 아닙니다. 신앙은 옛 사람이 죽는 것입니다. 그리스도와 함께 옛 사람이 죽는 것을 경험할 때 그리스도께서 다시 살아나심과 같이 우리에게도 새 생명이 주어지는 것입니다. 그래서 세례를 가리켜 '그리스도와 연합해 세례를 받았다'고 말하는 것입니다.

그리스도 속으로 들어가는 체험은 신비적인 것이 아니라 실제입니다. '그리스도의 죽으심과 같은 죽음'을 맛보는 것입니다. 이를 좀 더 정확히 번역하면 예수님과 '비슷한 모양으로' 주님과 연합한 사람이 된다는 것입니다. 예수님의 죽음과 우리의 죽음에는 차이가 있습니다. 예수님의 죽음은 죄에 대한 심판을 받으시는 죽음인 반면, 우리의 죽음은 예수님의 죽음으로 인한 혜택을 누리는 죽음입니다. 이는 오직 믿음으로 누릴 수 있습니다.

예수님의 죽음을 본받아 우리도 죄에 대해 죽은 자가 되었습니다. 예수님의 죽음은 죄에 대한 심판을 다 이루시는 죽음이었기 때문에 은혜가 되는 것입니다. 우리는 믿음으로 그 죽음의 혜택을 누리는 죽음의 과정만 통과하면 됩니다. 예수님과 함께 죽는 죽음은 영광스런 부활의 생명으로 이어집니다. 그 생명이 우리에게도 역사한다는 것입니다. 우리는 예수님의 죽음, 부활, 승천 그리고 재림과 모든 역사에 함께 동참하는 자로 초청받았습니다. 이것이 바로 나와 함께 일어난 사건입니다.

예수님은 신성을 다 비우시고 온전한 인간으로 십자가에 못 박히셨습니다. 하나님께서 그를 다시 살리셔서 새 생명으로 지극히 높이셨기에 영원한 생명이 그리스도 안에 탄생한 것입니다. 그리고 그 생명을 우리에게 나눠 주신 것입니다. 그리스도와 함께 십자가에 못 박히는 자에게 하나님은 영원한 생명을 허락하십니다.

십자가의 죽음과 생명의 비밀

우리는 십자가에 대한 네 가지를 고백할 수 있어야 합니다. 첫째, 십자가는 역사적 사건이라는 고백입니다. 둘째, 그리스도께서 모든 사람을 대신해서 죽으셨다는 교리적인 고백입니다. 셋째, 예수님께서 나를 위해 죽으셨다는 개인적인 고백입니다. 그리고 가장 중요한

넷째, 내가 그리스도와 함께 십자가에 못 박혔다는 경험적인 고백입니다.

"나는 그리스도와 함께 십자가에 못 박혔습니다. 그러므로 이제 더 이상 내가 사는 것이 아니라 내 안에 그리스도께서 사시는 것입니다. 지금 내가 육체 안에 사는 것은 나를 사랑하셔서 나를 위해 자신의 몸을 내주신 하나님의 아들을 믿는 믿음으로 사는 것입니다"(갈 2:20).

사도 바울은 '내가 그리스도와 함께 못 박혔었다'(was crucified)라고 말하지 않았습니다. 그는 '내가 그리스도와 함께 십자가에 못 박혔다'(have been crucified)라고 말했습니다. 이는 지속적인 것입니다. 예수 그리스도께서 과거에 십자가에 못 박히신 역사적 사건으로 끝나는 것이 아니라 지금 현재에도 못 박힌 분으로 존재하시는 것입니다. 그 이유는 내가 그리스도와 함께 지금 이 순간 십자가에 못 박혔기 때문입니다.

1940, 50년대에 시카고에서 미국의 영적 대부흥 운동을 일으켰던 에이든 토저가 동료 목회자들과 함께 예루살렘으로 성지순례를 떠났습니다. 예루살렘에 도착하자마자 그분은 누구보다도 먼저 주님께서 십자가에 못 박히신 골고다 언덕으로 올라갔습니다. 뒤늦게 올라온 친구들이 물었습니다. "언제 올라온 거야?" 그러자 토저는 이렇게 말했습니다. "나는 여기에 2천 년 전에 올라왔네." 얼마나 멋진 고백입니까!

또 사도 바울은 이렇게 고백합니다.

"우리는 항상 예수의 죽으심을 몸에 짊어지고 다닙니다. 이는 예수의 생명 또한 우리의 죽을 몸에 나타나게 하려는 것입니다. 우리 살아 있는 사람들이 항상 예수 때문에 죽음에 넘겨지는 것은 예수의 생명 또한 우리의 죽을 육체 안에 나타나게 하려는 것입니다"(고후 4:10-11).

'예수의 죽으심'이란 예수님의 시체를 의미합니다. 예수님과 함께 십자가에 못 박혔다는 것을 실제적으로 예를 든 것입니다. 고대의 사형 집행 방법에는 십자가처럼 직접 죽이는 방법도 있었지만, 살아 있는 사람과 죽은 시체를 얼굴과 얼굴, 입과 입, 배와 배를 포개서 같이 묶어 버리는 방법도 있었습니다. 이는 죽은 사람의 독이 살아 있는 사람에게 서서히 스며들어 함께 죽게 만드는 것입니다.

썩어 없어질 죽음만을 짊어지고 다닌다면 그냥 죽음으로 끝나고 맙니다. 그런데 우리는 예수님의 죽으심, 십자가의 죽음을 함께 짊어지기에 사흘 만에 다시 살아나신 예수님의 생명이 우리 안에 나타나는 것입니다. 십자가를 지는 것, 더 나아가 예수님의 죽으심을 짊어진다는 것은 그분과 함께 연합됨을 뜻합니다. 놀랍게도 죽음 가운데 역사하신 그리스도의 생명이 우리 가운데 역사하게 되는 것입니다.

예수님과 함께 죽는 것은 생명을 얻기 위함입니다. 이것이 우리가 살길입니다. 안 죽으려고 발버둥 치면 영원히 죽지만, 예수님과 함께 십자가에 못 박혀 죽으면 영원히 삽니다. 우리는 살기 위해 죽어야 하는 것입니다. 예수님은 이 죽음과 생명의 비밀을 이렇게 말씀하셨습니다.

"나는 살아 있는 자다. 나는 죽었었으나 보라, 나는 영원토록 살아 있는 자니 나는 죽음과 음부의 열쇠들을 가지고 있다"(계 1:18).

이는 예수님만의 고백이 아니라 예수 그리스도와 함께 죽는 자들이라면 누구나 할 수 있는 고백입니다. 우리가 영광스럽게 되었을 때 그리스도와 함께 고백할 수 있는 것입니다. 죽음과 음부의 권세를 가지신 그리스도와 함께 통치하는 삶을 살 수 있는 것입니다. 이것은 어떤 이념이나 이론이 아니라 실제입니다. 우리는 매일의 삶에서 예수님과 함께 죽는 것을 믿음으로 경험해야 합니다.

'그런 일이 일어날까'라는 의심을 내어 쫓고 믿음으로 선포하십시오. 그럴 때 죄를 이기는 승리의 삶을 살게 될 것입니다. 예수님의 생명이 우리 가운데 역사하실 것입니다. 그래서 다음과 같은 고백이 나오는 것입니다.

"그리스도 예수께 속한 사람들은 육체와 함께 그 정욕과 욕망을 십자가에 못 박았습니다 … 그러나 내게는 우리 주 예수 그리스도의 십자가 외에는 결코 자랑할 것이 없습니다. 그리스도로 인해 세상이 내게 대해 십자가에 못 박혔고 나 또한 세상에 대해 그러합니다"(갈 5:24, 6:14).

그리스도의 십자가 외에 자랑할 것이 없는 이유는 무엇입니까? 못 박힌 자로 살아가고 있기 때문입니다. 못 박힌다는 건 매우 고통스러운 일입니다. 그러나 그리스도의 십자가를 생각하며 참고 인내할 때 우리는 새 생명을 경험하게 됩니다. 그렇기에 끊임없이 십자가를 자랑하라는 것입니다. 이것이 우리가 자랑할 유일한 것입니다.

6
그리스도와 함께
살리심을 받았습니다

"그러므로 여러분이 그리스도와 함께 살리심을 받았으니 위에 있는 것들을 추구하십시오. 거기에는 그리스도께서 하나님의 오른편에 앉아 계십니다. 위에 있는 것들을 생각하고 땅에 있는 것들을 생각하지 마십시오"(골 3:1-2).

"그러나 자비가 풍성하신 하나님이 우리를 사랑하신 그 크신 사랑으로 인해 허물로 죽은 우리를 그리스도와 함께 살리셨습니다. (여러분은 은혜로 구원을 받은 것입니다.) 그리고 그리스도 예수 안에서 함께 일으키시고 함께 하늘에 앉히셨습니다. 이는 그리스도 예수 안에서 다가오는 모든 세대에게 하나님의 은혜가 지극히 풍성함을 보여 주기 위한 것입니다"(엡 2:4-7).

성경은 '하나님의 계명'과 '하나님의 약속'으로 구성되어 있습니다. 이 계명과 약속이 우리에게 함께 나타납니다. '죄를 짓지 말라'는 것은 하나님의 계명입니다. 그러나 이를 비롯한 수많은 계명들이 우리를 통해 이루어지지 않는 것은 우리에게 계명을 지킬 힘이 없기 때문입니다. 아담 안에서 허물과 죄로 죽은 우리이기에, 영적 능력이 없기에 계명이 지켜질 수 없는 것입니다.

하나님의 계명은 우리가 얼마나 무능하고 타락하며 연약한 존재인가를 드러냅니다. 반면 하나님의 약속은 더 이상 죄를 짓지 않을 수 있는 능력을 주십니다. 하나님은 죄짓지 말라고 명령만 하시는 분이 아닙니다. 우리에게 그 명령을 지킬 수 있는 능력을 주십니다. 죄를 이기고 승리하는 능력을 주시는 것입니다.

성경의 모든 약속은 그리스도를 향합니다. 아담, 노아, 아브라함, 모세, 다윗 그리고 많은 예언자들을 통해서 주신 약속들이 한 사람, 예수 그리스도를 가리키고 있습니다. 예수님은 약속의 주인공이십니다. 약속의 중보자이십니다. 그 약속을 효력 있게 만드는 분이 바로 예수 그리스도이십니다. 그리스도와 함께 주어진 약속을 믿을 때 그 믿음을 통해서 우리는 죄를 짓지 않을 수 있는 능력의 사람이 되는 것입니다. 단지 죄를 용서받고 의롭다 함을 받는 것에서 그치지 않습니다. 이제는 죄를 이기는, 다시는 죄를 범하지 않을 수 있는 힘과 능력을, 약속을 믿는 신앙을 통해서 우리에게 공급해 주시는 것입니다. 그래서 나를 대신해서 죽으신 그리스도를 믿는 신앙은 약속을 믿는 신앙인 것입니다.

이는 '죄를 짓지 말아야지' 하는 다짐이 아닙니다. 물론 다짐도 필요합니다. 그러나 그 다짐을 통해서 깨닫는 것은, 다짐이나 결단만으로는 안 된다는 것입니다. 그러나 계명을 뛰어넘는 하나님의 약속은 내 결심으로 이룰 수 없는 것을 주님의 결심으로 이루어지게 합니다. 주님의 은혜로 나에게 그 능력이 주어진다는 것을 체험하게 되는 것입니다.

믿음은 결심이 아닙니다. 내 결심은 무너지지만, 주님의 약속과 더불어 주시는 은혜를 믿을 때 그 믿음은 하나님의 약속대로 이루어집니다. 성경이 우리에게 가르쳐 주는 것은, 하나님의 모든 약속은 반드시 이루어진다는 것입니다. 사도 바울도 고린도후서에서 "하나님의 약속은 그리스도 안에서 얼마든지 '예'가 됩니다"(고후 1:20)라고 말했습니다.

구약에 기록된 수많은 기적들은 하나님의 약속이 이루어짐을 보여 주기 위함입니다. 그런데 그 모든 약속이 그리스도를 향하고 있습니다. 그리스도와 함께 죽고 함께 살아나는 약속에 담긴 비밀을 믿음으로 얻을 수 있게 되었다고 말씀하고 있는 것입니다.

세상에 대해 죽은 자

그리스도와 함께 십자가에 못 박힌 자는 세상이 다 죽은 것으로 보입니다. 세상이 더 이상 어떤 매력이나 즐거움이나 영향력을 가져다주지 못합니다. 십자가에 못 박힌 그리스도인들은 십자가를 통해서 세상을 보기 때문입니다. 사도 바울의 고백대로 '세상이 나에 대해 못 박히고 내가 세상에 대해 못 박힌 것'입니다.

주님은 세상을 피해서 도망치라고 말씀하지 않으셨습니다. "담대하라. 내가 세상을 이미 이겼다"(요 16:33)라고 말씀하셨습니다. 세상을 이겼다는 것은 세상이 우리의 적이라는 것입니다. 그 적을 어떻게 이깁니까? 세상에 대해 죽음으로써 이기는 것입니다. 세상과 동일한 방식으로 싸워 이기는 것이 아니라, 세상에 대해 죽은 자가 되는 것입니다. 제일 강력한 사람은 죽은 사람입니다. 그 앞에 세상의 금은보화를 갖다 놔도 죽은 자는 끄떡없습니다.

세상에 대해 죽은 자는 세상에 대한 사랑, 기대, 관심, 초점이 달라집니다. 사랑의 대상이 완전히 바뀐 존재가 되는 것입니다. 예전에는 세상을 사랑했지만 이제는 세상이 십자가에 죽인 그리스도를 사랑하게 되는 것입니다. 세상을 사랑하던 마음을 무너뜨리고 깨뜨릴 수 있는 유일한 능력은 십자가에 못 박힌 그리스도, 곧 십자가의 능력뿐입니다. 그분과 함께 십자가에 못 박힌 자만이 세상에 대해 죽은 자가 되는 것입니다.

세상을 이기는 이김은 믿음입니다. 그 믿음은 무엇입니까? 예수님과 함께 십자가에 못 박힘으로 내적으로는 죄에 대해, 외적으로는 세상에 대해 죽은 자가 되는 것입니다. 죄에서 벗어나 자유하기 위해서는 세상에 대해 죽은 자가 되어야 합니다. 우리 육체는 여전히 살아있지만 우리의 옛 사람이 죽음으로 "지금 내가 육체 안에 사는 것은 나를 사랑하셔서 나를 위해 자신의 몸을 내주신 하나님의 아들을 믿는 믿음으로 사는 것"(갈 2:20)입니다.

언제 당신의 마음이 우상에게서 가장 멀리 떨어졌습니까? 언제 이 세상으로부터 등을 돌리게 되었습니까? 언제 당신의 마음이 육체와 세상에 대해서 못 박히게 되었습니까? 그때가 바로 십자가에 못 박히신 그리스도께서 당신의 마음을 온전히 주장하실 때입니다. 우리는 그 순간을 계속 유지해야 합니다.

그리스도의 생명으로 다시 사는 자

하나님의 놀라운 약속은 우리가 값없이 의롭다 함을 받고, 죄를 용서받고, 죄와 세상에 대해서 죽은 자로 살아가는 것만이 아닙니다. 거기서 그치지 않습니다. 거기서 더 나아가는 것은 무엇입니까? 새 생명으로 다시 사는 것입니다. 이는 보다 적극적인 것입니다. 죄와 세상에 대해 죽은 자로 끝나는 것이 아니라 새 생명으로 영향을 주면서 살아가는 것입니다. 이것은 그리스도를 믿는 믿음으로 주어집니다. 그리스도를 믿을 때 그 약속대로 그리스도와 함께 죽고, 그리스도를 다시 살리신 그 하나님의 능력이 우리 가운데 새 생명의 능력을 허락하신다는 것입니다.

종교 개혁을 일으킨 마틴 루터의 논문 가운데 《그리스도인의 자유》(On Christian Liberty)라는 논문이 있습니다. 그는 이 논문에서 그리스도와 우리의 관계를 결혼한 부부에 빗대어 표현했습니다. 우리가 그리스도를 믿는 것은 우리의 영혼이 그리스도와 결혼하는 것과 같아서, 부부가 서로의 것을 온전히 교환하듯이 그리스도께서 가지신 것은 무엇이든 내 것이 되고, 내 안에 있는 것은 무엇이든 그리스도의 것이 된다는 것입니다. 그런데 그리스도께는 생명과 은혜와 구원이 충만하지만 우리 안에는 죄와 욕심과 죽음이 충만합니다. 우리가 그리스도를 믿을 때 그것이 교환되는 것입니다. 그래서 이것을 '위대한 교환'이라고 이야기합니다.

믿음이 들어오면 우리 안에 있는 죄와 죽음과 멸망은 그리스도의 것이 됩니다. 이로 인해 그리스도께서는 십자가에서 죽으시고 그리스도의 것이었던 생명과 구원과 은혜는 우리 영혼의 것이 됩니다. 그리스도의 신부 된 우리는 신랑 되신 그리스도께서 죽음 가운데 부활하심으로 얻으신 그 생명을 얻게 되는 것입니다. 이것은 죄와 세상에 대한 죽음을 뛰어넘는 차원이 다른 삶입니다.

죄와 세상에 대해 죽는다는 것은 반응하지 않고 영향을 받지 않는 소극적인 삶이지만, 다시 살아남으로 그리스도의 생명이 나타나는 것은 역으로 세상을 변화시키는 적극적인 삶입니다. 세상을 깨우고 다른 사람에게 생명을 나누어 주는 자가 되는 것입니다. 그리스도의 생명으로 전염시키는 자가 되는 것입니다.

십자가 사건 이전에는 예수님께서 제자들에게 당신의 생명의 능력을 주실 수가 없었습니다. 예수님은 육신을 입으신 제한 받는 분이셨기 때문입니다. 그래서 함께 먹고살았지만 제자들의 삶은 변화되지 않은 것입니다. 그들은 죄와 세상에 대해서 죽지 않았습니다. 그들은 여전히 죄와 세상의 영향력 아래 살았습니다. 이는 예수님께 능력이 없어서가 아니라, 육신을 입으신 예수님께서 약속대로 죽음을 통해 그들의 죄의 문제를 온전히 해결하시고 생명을 주시는 부활 생명에 이르기 전에는 제자들의 삶이 변화될 수 없었던 것입니다.

예수님의 계명, 말씀만으로는 그들의 삶이 변화되지 않았습니다. 그런데 그리스도의 부활하심으로 모든 것이 변화되었습니다. 전능하신 하나님의 능력으로 죽음 가운데 일으킴을 받으셔서 그리스도의 부활의 생명이 나타났을 때 그 영원하신 능력으로 제자들이 변화되기 시작했습니다. 부활하신 그리스도께서 제자들에게 나타나셔서 뭐라고 말씀하셨습니까?

"성령을 받으라"(요 20:22).

예수님은 죽음을 통과하신 이후 부활의 생명으로 제자들 앞에 나타나셨습니다. 이는 영원히 죽지 않는 생명입니다. 예수님은 죽음 이전과는 다른 차원의 생명을 제자들에게 나누어 주시며 성령을 받으라고 말씀하셨습니다. 성령의 능력과 생명을 공급해 주시는 영원한 생명이 되신 것입니다. 그래서 예수님의 부활 이후에 제자들의 삶이 180도 바뀔 수 있었던 것입니다.

부활의 생명을 누리라

부활의 생명을 받은 자는 놀랍게도 다른 사람에게 이 부활의 생명을 전해 줄 수 있습니다. 그리스도께서 제사장과 왕이 되시듯 우리 또한 제사장과 왕이 되어서 그리스도의 중보의 능력의 통로가 되는 것입니다. 이는 우리가 그리스도와 함께 죽을 때 우리를 부활의 생명으로 다시 살게 하심으로 나타나는 능력입니다. 그리스도와 함께 살리심을 받을 때 그의 생명에 참여하는 자가 되는 것입니다. 이 죽음을 통과한 부활의 생명은 지옥과 사탄 마귀와 세상과 육신을 정복하는 생명입니다.

예수님은 단지 하늘에서 중보의 사역을 계속 감당하시기 위해 살아나신 것이 아닙니다. 주를 믿는 우리에게 부활의 생명의 능력을 나누어 주시고 매일 우리의 삶 속에서 이 부활의 생명이 나타나도록 하시기 위해서 살아나신 것입니다. 그래서 갈라디아서 2장 20절 말씀에 "이제 더 이상 내가 사는 것이 아니라 내 안에 그리스도께서 사시는 것입니다"라고 고백할 때 '내 안에 사시는 그리스도'는 '부활의 생명 안에 사시는 그리스도'라고 해석해야 더 정확한 것입니다.

우리는 십자가 앞에 죽을 수밖에 없었던 생명이 아닌 부활의 생명으로 살아가는 존재입니다. 그래서 찰스 스펄전은 "매 주일이 부활주일이다"라고 말한 것입니다. 우리는 부활의 신앙으로 매일을 살아야 합니다.

창조로 인한 능력과 안식보다 그리스도의 죽음과 부활을 통한 능력과 안식이 우리에게 훨씬 더 큽니다. 아담이 타락 이전에 가졌던 생명보다 그리스도의 죽음과 부활을 통해서 우리가 얻은 부활의 생명이 더 능력 있는 것입니다.

"그러나 자비가 풍성하신 하나님이 우리를 사랑하신 그 크신 사랑으로 인해 허물로 죽은 우리를 그리스도와 함께 살리셨습니다. (여러분은 은혜로 구원을 받은 것입니다.) 그리고 그리스도 예수 안에서 함께 일으키시고 함께 하늘에 앉히셨습니다. 이는 그리스도 예수 안에서 다가오는 모든 세대에게 하나님의 은혜가 지극히 풍성함을 보여 주기 위한 것입니다"(엡 2:4-7).

사도 바울은 하나님께서 그리스도와 함께 죽고 함께 살아나는 것뿐 아니라 우리를 함께 일으키신다고 말씀합니다. 예수님께서 부활 후 승천하실 때 우리도 예수님과 함께 부활하고 승천한 것처럼 표현하는 것입니다. 우리를 하늘에 함께 앉히셨다는 것은 매우 놀라운 축복입니다. 우리 몸은 이 땅에 살지만 우리의 마음과 영혼은 지금 그리스도와 함께 하늘에 앉아 있는 것입니다.

세상의 높음과 낮음은 하늘에서 보면 아무것도 아닙니다. 작은 점에 불과한, 아니 그 점에 점도 안 되는 것이 바로 우리 인생입니다. 이 땅에서 어디에 앉느냐는 그렇게 중요하지 않습니다. 우리의 영적인 신분과 위치는 하늘에 있다는 것을 기억하십시오.

"그러므로 여러분이 그리스도와 함께 살리심을 받았으니 위에 있는 것들을 추구하십시오. 거기에는 그리스도께서 하나님의 오른편에 앉아 계십니다. 위에 있는 것들을 생각하고 땅에 있는 것들을 생각하지 마십시오"(골 3:1-2).

이것은 계명과 율법이 아닙니다. 그리스도와 함께 살리심을 받은 자들은 위에 있는 것을 추구하게 되어 있습니다. 그리스도와 함께 하늘에 앉아 있는 사람이기 때문입니다. 이것은 계명과 율법이 아니라 약속에 따른 열매입니다. 부활의 생명을 받은 자들은 땅에 속한 것이 아닌 하늘에 속한 것을 추구합니다. 예수님께서 부활하신 후에 제자들의 삶이 그렇게 변했습니다.

사도 바울과 베드로, 서서평 선교사님을 비롯한 수많은 믿음의 사람들은 하늘에 앉힌바 되었기에 세상에 대해 초연할 수 있었습니다. 이것은 하루아침에 이루어지지 않습니다. 식물이 햇빛을 받는 만큼 자라나는 것처럼, 우리가 생명의 빛을 받는 만큼 하늘의 것을 추구하며 살아가는 인생으로 변화될 수 있는 것입니다.

우리는 그리스도와 함께 죽었습니다. 또한 그리스도와 함께 살아났습니다. 우리의 위치는 지금 이 땅이 아니라 하늘입니다. 우리는 하늘에 앉힌바가 되었습니다. 우리의 몸은 아직 하나님 나라에 합당하지 않기 때문에 이 땅에 머물고 있지만 우리의 마음은 얼마든지 하늘에 올라갈 수 있습니다. 이 땅을 살 때 천국을 경험할 수 있는 것입니다. 이게 바로 인간의 신비고, 그리스도와 함께 죽고 그리스도와 함께 살아나는 생명의 삶입니다. 우리는 이러한 삶을 누리며 살아가야 합니다.

7
그리스도와 함께 영광을 얻을 것입니다

"여러분은 이미 죽었고 여러분의 생명은 그리스도와 함께 하나님 안에 감춰져 있기 때문입니다. 여러분의 생명이신 그리스도께서 나타나실 때 여러분도 그리스도와 함께 영광 가운데 나타날 것입니다"(골 3:3-4).

'그리스도와 함께'라는 주제의 가장 핵심적인 명제는 예수님의 모든 사역마다 우리가 함께한다는 것입니다. 예수님만의 사건이 아니라 그 사건이 나와 함께 더불어 일어난 사건임을 기억하라는 것이 신약성경을 통해 우리에게 주시는 놀라운 진리입니다.

예수님의 죽음, 부활, 승천은 이미 우리 안에 이루어졌으며, 우리가 체험하고 있는 진리입니다. 우리는 땅에 살고 있지만 우리의 시민권은 하늘에 있습니다. 이제 남은 것은 그리스도의 재림입니다. 그리스도께서 다시 오실 때 그리스도와 함께 경험하게 될 영광이 우리에게 남아 있습니다.

생명의 근원, 예수 그리스도

"여러분의 생명이신 그리스도께서 나타나실 때 여러분도 그리스도와 함께 영광 가운데 나타날 것입니다"(골 3:4).

그리스도는 우리의 생명이십니다. 우리가 그리스도와 함께 연합할 때 그 보배로운 경험 중에 가장 영광스러운 것은 그리스도의 생명이 우리의 생명이 된다는 것입니다. 예수님은 "나는 부활이요, 생명이니"(요 11:25)라고 말씀하셨습니다. 이 생명은 예수님의 부활을 통해 십자가의 죽음을 통과한 영원한 생명입니다. 예수님과 가장 가까이에서 친밀한 교제를 나눴던 사도 요한은 예수님의 생명 되심을 여러 곳에서 증거했습니다.

이는 사도 요한만의 경험이 아닙니다. 이 영원하신 생명은 그리스도와 함께할 때 우리에게 주어지는 것입니다. 우리가 오감으로 삶의 다양성을 경험하는 것처럼 우리의 삶 속에 이 생명이 체험될 수 있다는 것입니다. 이것은 자연적 생명이 아니라 영적인 생명입니다. 죽음에서 부활하신 주님은 생명의 원천이 되시어 그 생명을 나누어 주는 분이 되셨습니다. 그분을 믿는 모든 자에게 이 영적 생명을 전하고 공급하는 생명의 전달자가 되신 것입니다. 그리고 그 영원한 생명을 받은 자는 그 또한 생명의 전달자가 될 수 있게 되었습니다.

이는 자석의 원리와도 같습니다. 철 자체로는 무엇인가를 끌어당길 수 없지만 자석에 붙어 있기만 하면 같은 자석이 되는 것입니다. 철 안에는 끌어당기는 힘이 전혀 없지만 자석에 붙어 있을 때 그 철은 자석과 같은 동일한 자력을 갖게 되는 것입니다. 마찬가지로 우리 안에는 영적인 생명이 없으나 그리스도를 믿는 그 믿음으로 그리스도와 함께 연합할 때, 그분의 생명이 우리 안에 역사하셔서 우리도 그리스도의 생명의 전달자가 되는 것입니다. 예수님은 말씀하셨습니다.

"내가 진실로 진실로 너희에게 말한다. 누구든지 내 말을 듣고 나를 보내신 분을 믿는 사람은 영생이 있고 심판을 받지 않는다. 그는 죽음에서 생명으로 옮겨졌다. 내가 진실로 진실로 너희에게 말한다. 죽은 사람들이 하나님의 아들의 음성을 들을 때가 오는데 지금이 바로 그때다. 그 음성을 듣는 사람들은 살 것이다"(요 5:24-25).

우리의 자연적 생명은 죽음을 넘어설 수 없는 생명입니다. 죽음을 넘어설 수 없는 자연적 생명이 된 것은 하나님 안에 있는 영적 생명을 잃어버렸기 때문입니다. 그래서 에베소서 2장에서는 인간을 "허물과 죄로 죽은 사람들"(엡 2:1)이라고 말씀합니다. 살아 있는 것처럼 보이지만 사실상 우리는 죽은 자입니다. 우리는 영적 생명의 뿌리가 잘려 있기 때문에 겉으로 볼 때는 화려해 보이지만 이내 시들어 버리는 화병의 꽃처럼 일시적이고 자연적인 생명일 뿐입니다.

인간은 생명의 근원이요, 원천이신 영적 생명으로부터 이 생명을 받아야 진짜 다시 사는 인생이 됩니다. 우리는 그리스도의 생명으로 허물과 죄로 죽었던 상태에서 이제 다시 새 생명을 얻게 되었습니다. 생명이란 무엇입니까? 사람의 몸을 해부하면 생명을 찾을 수 있습니까? 생명은 눈에 보이지 않습니다. 생명은 하나님께서 주신 것이기에 하나님께서 보이시지 않는 것처럼 생명도 보이지 않는 것입니다. 나타나는 것은 다 생명이 있다는 현상일 뿐입니다.

영적 생명도 마찬가지입니다. 자연적 생명이 보이지 않는 것처럼 영적 생명도 보이지 않습니다. 다만 영적 생명의 현상만 있을 뿐입니다. 우리는 심장이 뛰고, 숨이 쉬어지고, 몸이 움직이는 것을 통해 자연적 생명이 있음을 확인할 수 있습니다. 그렇다면 영적 생명의 현상은 무엇일까요? 자연적 생명을 가진 사람은 죽음 앞에 두려워 벌벌 떨지만 영적 생명을 가진 사람은 두려움 없이 담대합니다. 고난 속에서도 평안합니다. 원수를 사랑하고, 연약한 자를 돕고 싶은 긍휼이 생기며, 이기적인 욕망을 따라 살지 않고, 죄를 뛰어넘는 승리의 삶을 살아갑니다. 이것이 바로 영적 생명의 증거입니다.

 그리스도께서 다시 오실 때 영원히 누리게 될 영적 생명은 바로 지금 주님께로부터 받은 이 생명과 동일한 생명입니다. 지금 하늘에 있는 성도들이 누리는 그 영적 생명이 바로 이 땅에 있을 때 예수님을 믿음으로 누렸던 영적 생명과 동일한 생명인 것입니다. 차이가 있다면 이 땅에 있었던 영적 생명은 마치 어린아이와 같이 연약한, 아직 온전히 성장하지 못한 성장과 성숙의 차이일 뿐입니다. 이 땅에서 그리스도와 함께 다시 살리심을 받은 이 부활의 생명으로 우리는 하늘에서 영원한 생명을 누리게 될 것입니다. 예수님은 이것을 위해서 기도하셨습니다.

> "아버지여, 아버지께서 내게 주신 사람들이 내가 있는 곳에 나와 함께 있어 내 영광, 곧 아버지께서 세상이 창조되기 전부터 나를 사랑하셔서 내게 주신 영광을 그들도 보게 하소서"(요 17:24).

하늘의 영광을 바라보라

우리는 이 땅에서 주님의 영광을 바라보며 살아갑니다. 이것을 온전히 누리게 되는 때는 언제입니까? 그리스도께서 다시 오실 그때입니다. 그래서 그 영광을 지금 바라보는 것입니다. 그런데 놀라운 것은, 그 영광을 바라보기만 해도 능력이 나타난다는 것입니다. 바라보는 것이 소망이고, 그 소망이 곧 믿음이기 때문입니다. 아직 온전히 그 영광이 나타나지는 않았지만 그 영광을 바라볼 때 우리는 이 땅을 능력 있게 살아갈 수 있는 것입니다.

사실 그리스도와 함께 장차 누리게 될 영광과 이 땅에서 바라보는 영광은 비교할 수 없습니다. 그런데도 능력이 있습니다. 존 스토트는 "우리가 그때에 누릴 그분의 직접적인 임재의 영광, 그리스도와 함께하는 그 영광에 비하면 지금 그분의 백성들과 함께하시는 그분의 임재는 차라리 부재에 가까울 정도다. 비교할 수 없는 그 영광이 우리에게 있는 것이다"라고 설명했습니다.

그래서 사도 바울은 "우리가 담대하게 원하는 것은 차라리 몸을 떠나 주와 함께 거하는 것입니다"(고후 5:8)라고 고백한 것입니다. 이는 세상을 비관해서 빨리 죽고 싶다는 게 아닙니다. 이 땅이 아무리 영광스러워도 그리스도와 함께 누리게 될 영광에 비하면 이 땅의 영광은 아무것도 아니라는 것입니다. 그래서 담대하고 간절히 그리스도와 함께하는 영광을 구하지만 하나님께서 이 땅에 있게 하신 목적과 뜻을 위해서 살아야 될 가치가 있다고 고백한 것입니다.

물론 우리가 이 땅에서 그리스도와 함께 누리는 영광도 놀라운 것입니다. 그렇기에 그것과는 비교할 수 없는 놀라운 것을 고대하며 소망하게 되는 것입니다. 지금은 믿음으로 바라보며 그리스도의 임재를 체험하지만 그때는 실제로 그리스도를 만나 그리스도와 함께하는 것을 체험하게 될 것이기 때문입니다.

선다 싱은 인도의 시크교 집안에서 태어나 자랐습니다. 그는 열다섯 살 때 환상을 통해 그리스도를 만나 예수님을 믿게 되었습니다. 그 사실을 가족들에게 말하자 일부는 미쳤다고 말하고 일부는 그냥 꿈일 뿐이라고 말했습니다. 그런데 그가 진정한 그리스도인으로 거듭나서 예수 그리스도를 계속해서 고백하자 핍박이 가해지기 시작했습니다.

그는 핍박 속에서 이렇게 고백했습니다. "핍박이 아무리 강해도 그리스도와 함께 있지 않았을 때 내가 겪었던 불안과 같은 상태에 비하면 그깟 핍박은 아무것도 아니었다. 환난과 핍박을 견디는 것이 내게는 어렵지 않았다. 왜냐하면 그리스도가 없는 상태의 나는 물 없는 물고기와 같았고, 새가 물속에 들어 있는 것과 같았기 때문이다. 핍박은 아무것도 아니다. 나는 그리스도인으로 이 땅에 살지만 하늘에 사는 것이다."

이 땅에서는 때로 무시당하고 시험과 핍박과 학대를 당해서 세상에 패배한 것처럼 보이지만 사실 우리는 그리스도와 함께 하늘에 앉힌바 된 사람입니다. 단지 보이지 않기 때문에 때로 우리 믿음이 연약해지고, 보이지 않기 때문에 사람들은 우리를 알지 못하는 것입니다. 골로새서 3장 3절은 이렇게 말씀합니다.

"여러분은 이미 죽었고 여러분의 생명은 그리스도와 함께 하나님 안에 감춰져 있기 때문입니다."

그리스도께서 아직 영광 중에 나타나지 않으셨기 때문에 우리의 생명은 그 안에 감춰져 있는 것입니다. 그래서 세상의 눈에는 보이지 않는 것입니다. 예수님도 지상에 사실 때 숨은 삶을 사셨습니다. 그분의 영광이 간혹 기적을 통해 잠시 나타나긴 했지만 진짜 영광은 감춰져 있었던 것입니다. 예수님은 자주 '아직 때가 이르지 않았다'고 말씀하셨습니다. 이는 영광스럽게 되실 때가 되지 않았다는 것입니다. 십자가를 통해 나타날 부활의 영광을 바라보신 것입니다.

이 생명이 하나님 안에 감춰져 있다는 것은 한편으로는 안전하다는 의미입니다. 사탄의 어떠한 시험과 공격이 있을지라도 이 생명을 결코 무너뜨릴 수 없다는 것입니다. 결코 빼앗을 수 없는 것입니다. 우리에게 주어진 영적 새 생명은 그리스도와 함께 하나님 안에 있으므로 결코 죽지 않고, 소멸되지 않으며, 아무도 빼앗을 수 없습니다.

우리는 이 감추어진 하나님의 생명을 누리며 전하고 있습니다. 그러나 감춰져 있는 이 생명이 영광 가운데 온전히 나타날 때가 올 것입니다. 그리스도께서 이 땅에 처음 오실 때는 그 생명의 영광이 감춰진 상태로 구유에서 태어 나셨습니다. 그러나 다실 오실 때는 온전히 영광 가운데 오실 것입니다. 처음에 오실 때는 그분의 정체가 잘 드러나지 않았습니다. 그러나 다시 오실 때는 세상의 모든 사람들이 분명하게 그 정체를 알게 될 것입니다. 이 땅에 오실 때는 부분적으로 희미하였으나 다시 오실 때는 영광스럽게 오실 것입니다.

그분께서 다시 오실 때 그리스도와 함께 있던 우리의 정체도 밝히 드러나게 될 것입니다. 우리 안에 숨어 있던 이 생명의 정체가 나타나게 될 것입니다. 구속받은 하나님의 자녀들이 새 생명으로 나타나며 그 영광에 동참하게 될 것입니다. 놀라운 사실은, 그리스도께서 가지신 모든 하늘의 영광을 우리가 그리스도와 함께 동일하게 누린다는 것입니다. 우리의 신분과 우리의 수준, 우리의 위치와 우리의 능력과 권세가 그리스도와 동일하다는 것입니다. 그래서 그분과 같이 우리 또한 맏아들이 되고, 그리스도와 함께 우리 또한 하늘의 상속자가 되었다는 것입니다. 상상하기도 어려운 놀라운 영광이 우리에게 주어졌다는 것입니다.

앤드류 머레이는 '흙과 같은 우리의 존재가 정녕 그리스도의 영광과 동일한 영광을 누릴 수 있습니까?'라는 질문에 그는 이렇게 대답했습니다. "그러한 연합을 이루는 일이 하늘과 땅의 모든 권세를 받으신 그리스도 그분의 일입니다." 예수님이 그 일을 위해서 오셨다는 것입니다. 그리스도께서 그렇게 이루신 일을 믿고 그분께 자신을 드리는 일을 멈추지 않는 사람은 반드시 그러한 축복을 받게 될 것입니다.

우리는 보통 예기치 못한 순간에 예수님을 만나고 믿음 생활을 시작합니다. 하나님께서 삶 속에 개입하신 순간 진리의 한 부분이 역사하는 것입니다. 그리스도 안에 있는 하나님의 모든 구속 계획을 완벽하게 이해하고 믿는 사람은 아무도 없습니다. 이는 불가능합니다. 우리의 믿음은 이렇게 작게 시작됩니다. 이러한 믿음이 자라서 성장한다는 것은 그리스도와 함께 그분 안에서 이루신 모든 일, 곧 우리에게 주신 이 영광까지도 우리에게 허락되었다는 것을 믿고 바라보며 나아가는 것입니다. 이것이 바로 성숙한 믿음입니다. 그래서 그리스도께서 내 안에, 내가 그리스도 안에 있는 것은 부담이나 짐이 아닙니다. 의무가 아니라 축복이요, 기쁨인 것입니다. 우리는 영광의 그 날에 이르도록 날마다 주만 바라보며 살아가야 합니다.

8
그리스도와 함께 영원할 것입니다

"우리는 믿음으로 행하고 보는 것으로 행하지 않습니다. 우리가 담대하게 원하는 것은 차라리 몸을 떠나 주와 함께 거하는 것입니다. 그러므로 우리가 몸 안에 있든지 몸을 떠나 있든지 주를 기쁘게 하려고 힘씁니다. 우리 모두가 그리스도의 심판대 앞에 드러나야 하기 때문입니다. 그 결과 각기 선악 간에 몸으로 행한 것에 대해 보응을 받게 될 것입니다"(고후 5:7-10).

우리는 그리스도와 함께 십자가에서 이미 죽었습니다. 그리고 그리스도께서 부활하실 때 우리도 그분과 함께 다시 살리심을 받았습니다. 우리 안에는 주님의 부활의 생명이 있습니다. 이 생명은 세상의 눈으로 볼 때는 감추어져 있습니다. 그리스도와 함께 하나님 안에 감추어져 있는 것입니다. 때로 이 생명이 우리 가운데 기적이나 변화 등 여러 가지 모습으로 나타난다 할지라도 아직은 온전하게 나타난 것이 아닙니다.

언젠가 그리스도의 놀라운 임재하심이 온전히 나타날 때 우리는 영광 가운데 변화될 것입니다. 우리는 지금 그날을 바라보는 것입니다. 영광의 그날이 이르도록 언제나 그리스도의 임재 가운데 살아가는 것입니다. 우리에게 그리스도와 함께 주어진 그리스도의 임재의 절정은 그 영광을 영원히 누리게 된다는 것입니다. 그것이 그리스도와 함께 우리에게 주어진 하늘의 신령한 복의 절정입니다.

이는 잠시의 영광이 아니라 영원한 영광입니다. 잠시의 기쁨이 아니라 영원한 기쁨입니다. 잠시의 평안이 아니라 영원한 평안입니다. 이 땅에서 누렸던 최고의 영광, 최고의 기쁨, 최고의 평안을 한번 생각해 보십시오. 그것이 무엇이든지 간에 그것과 비교할 수 없는 영광과 기쁨과 평안이 우리에게 허락되어 있고, 그것을 영원히 누리게 된다는 것입니다.

　이 영원한 생명의 축복이 바로 그리스도와 함께 우리에게 허락되었습니다. 이것이 영원한 이유는 그리스도의 십자가 죽음의 효력이 영원하기 때문입니다. 히브리서 9장 14절은 "영원하신 성령을 통해 흠 없는 자신을 하나님께 드리신 그리스도"라고 말씀합니다. 이 그리스도로 인해서 우리는 영원한 은혜를 누리게 되는 것입니다. 죽음을 죽이시는 영원한 생명이 우리 가운데 있기에 우리의 사망조차도 삼켜 버리시는 것입니다. 이 그리스도와 함께 누리는 영원한 삶이 우리에게 예비된 것입니다.

　여기서 영원한 삶을 '죽음 이후의 삶'(after life)이라기보다는, 이 땅에서의 삶을 '사전의 삶'(before life)이라고 보는 게 맞습니다. 우리는 이 땅을 기준으로 죽음 너머의 삶을 사후의 삶이라 말합니다. 그러나 오히려 이 땅에서의 삶이 진정한 삶 이전의 삶이기에 사전의 삶(before life)이라고 말하는 게 더 정확합니다. 이 땅의 삶은 서론에 불과하기 때문입니다. 영원한 삶이 끝없는 바다와 같다면 우리의 삶은 그 바다로 흘러가는 작은 물줄기에 불과합니다. 이 세상은 영원히 밝은 미래의 어두운 통로일 뿐입니다. 고통과 시련과 죄로 말미암아 깨어지고 상처 입고 아픔을 경험하는 어두운 터널과 같습니다. 우리에게 예비된 영원한 삶으로 들어가는 잠깐의 삶일 뿐입니다.

그리스도와 함께 누릴 영원한 생명

하나님은 일시적이고 하루살이 같은 인생에 영원한 생명을 주신 것이 아닙니다. 아브라함과 모세와 다윗을 통해 주신 약속의 공통점은 그것이 영원한 약속이라는 것입니다. 그들의 삶이 이 땅에서의 유한한 인생으로 끝나는 것이라면 영원한 약속이라고 말씀하지 않으셨을 것입니다. 그리스도 안에서 우리에게 주어진 이 약속도 영원한 약속입니다. 하나님께서 우리에게 허락하신 생명의 축복의 절정은 바로 영원한 생명을 그리스도와 함께 영원히 누리는 것입니다.

사도 바울은 고린도후서 5장 8절에서 "우리가 담대하게 원하는 것은 차라리 몸을 떠나 주와 함께 거하는 것입니다"라고 고백합니다. 이는 삶을 비관해서 죽음을 선택하고자 하는 고백이 아닙니다. 몸을 떠나서 그리스도와 함께 거하는 그 실재에 대한 확신입니다. 몸 안에 있을 때 그리스도와 함께 거하는 삶의 축복도 있지만, 몸을 떠남으로 그리스도와 함께 누리는 축복은 몸 안에서 누리는 축복과는 비교할 수 없다는 것입니다. 그 생명의 삶이, 영원한 삶이 존재한다는 것입니다.

우리는 흔히 '예수 믿고 천국 가자'고 말합니다. 물론 틀린 말은 아닙니다. 그러나 복음 전체를 다 포함한 말은 아닙니다. 사도 바울은 그리스도와 함께하는 것이라고 말합니다. 다시 말해, 천국에 가기 위해 예수님을 믿는 게 아니라 예수님과 함께하기 위해 천국에 간다는 것입니다. 천국이 천국일 수 있는 것은 그리스도께서 계시기 때문입니다. 그리스도는 천국에 가기 위한 도구가 아니라 목적인 것입니다.

우리 삶의 모든 갈증은 영원에 대한 갈증입니다. 우리는 죽으면 끝나는 인생으로 창조된 것이 아니기 때문입니다. 하나님은 우리를 영원한 존재로 계획하고 창조하셨습니다. 우리는 죄로 인해 죽음 가운데 살아가지만, 사망의 독침을 맞은 자로, 율법 앞에 온전히 죄인된 자로 살아갈 수밖에 없지만, 이제 그리스도와 함께 우리에게 허락된 놀라운 생명의 삶으로 인해 우리에게 영원한 생명이 허락된 것입니다.

"하나님은 모든 것을 그분의 때에 아름답게 만드시고 사람들의 마음속에 영원을 사모하는 마음을 주셨다. 그러나 하나님께서 하시는 일의 처음과 끝을 다 알지는 못하게 하셨다"(전 3:11).

이것은 예수 믿는 사람에게만 주시는 마음이 아닙니다. 어떤 사람에게든지 영원을 사모하는 마음을 주셨습니다. 세상의 노래만 들어봐도 영원이라는 단어가 들어갑니다. 사랑을 고백할 때도 영원을 이야기합니다. 왜 그럴까요? 무의식 가운데 영원을 사모하는 마음이 있기 때문입니다. 최고의 권력을 가진 애굽의 권력자가 만든 것이 무엇입니까? 피라미드, 즉 무덤입니다. 자신을 영원히 보존해 보겠다고 미라로 만든 것입니다. 신상을 만드는 것도 영원에 대한 갈망의 표현인 것입니다. 왜 이렇게까지 영원을 갈망합니까? 영원에 대한 갈망은 영원으로 채워야 하는데 세상의 것들로 채우기 때문입니다. 그 영원은 그리스도를 통해서, 그리스도와 함께함으로 채워지는 것이기에 우리는 이 삶을 체험해야 합니다.

우리는 이 땅에서 살기 위해서가 아닌 영원한 천국에서 살도록 창조되었습니다. 진정한 삶은 영원한 삶입니다. 우리는 이것을 기억해야 합니다. 인간은 세상을 다 얻는다 할지라도 만족이 없습니다. 이름만 대면 알 수 있는 세계적인 대부호에게 어떤 사람이 돈을 얼마만큼 더 벌었으면 좋겠냐고 물었더니 조금만 더 벌었으면 좋겠다고 대답했다 합니다. 만족이 없는 것입니다.

세상의 모든 것을 다 갖췄다 할지라도 영원이 들어오지 않으면 만족이 없습니다. 그러나 세상의 모든 것을 다 잃어버렸다 할지라도 영원을 소유한 사람은 늘 만족합니다. 우리 마음에 영원함이 온전히 임하는지를 늘 확인하십시오. 그리스도와 함께하지 않으면, 그리스도 안에 거하지 않으면 그리고 그리스도께서 내 안에 거하지 않으시면 이 영원한 생명의 임재를 경험할 수 없기 때문입니다. 우리는 이 땅을 영원한 시각으로 살아가는 은혜와 축복을 누려야 합니다.

영원의 관점으로 바라보라

지금 어떤 고민을 하고 있습니까? 이렇게 생각해 보십시오. '이것이 영원히 할 고민인가?' 지금 누리는 즐거움이 있다면 똑같이 생각해 보십시오. 그게 아니라면 버릴 수 있고, 아무리 고민이 되고 힘들어도 영원하지 않을 거라면, 끝이 있다면 몸을 떠날 때는 끝나기 때문입니다. 어떤 고민이나 문제든, 혹은 내가 누리고 있는 즐거움이든 영원을 대입해 버리면 모두 제자리로 돌아옵니다. 영원하지 않은 것은 다 불완전하기 때문입니다. 영원만이 우리 삶의 기준입니다. 그러나 영원함은 그리스도 안에 있기에 그리스도와 함께하지 않으면 그 영원한 삶의 축복을 누릴 수 없습니다.

사람들은 왜 영원한 관점을 가지지 못합니까? 이게 바로 사탄의 공격이요, 시험입니다. 사탄은 늘 눈에 보이는 것에 집착하게 하고, 이 세상에 머무르게 하고, 우리의 시선을 속입니다. 요한계시록에 보면 사탄이 하나님의 세 가지를 모독한다고 기록되어 있습니다.

"짐승이 입을 열어 하나님을 모독했는데 하나님의 이름과 그분의 장막, 곧 하늘에 거하는 이들을 모독했습니다"(계 13:6).

사탄은 매우 교묘합니다. 믿는 사람들을 훼방할 때 천국이 없다고 말하지 않습니다. 대신 교묘하게 천국을 지루한 곳이라고 믿게 만들어 버립니다.

영원이라는 관점에서 보면 우리의 시각은 완전히 달라집니다. 영원이라는 관점이 우리 삶에 들어올 때 진정으로 사는 것입니다. 사는 게 사는 게 아닌 이유는 무엇인가가 없어서가 아니라 영원을 잃어버렸기 때문입니다. 죄가 우리의 영원한 관점을 잃어버리도록 만들었으나 이제 그리스도를 통해서, 그리스도와 함께 영원을 회복한 자로 살아갈 수 있는 은혜가 우리에게 주어졌습니다. 세상을 변화시킨 사람들은 모두 영원의 관점으로 세상을 보았던 사람입니다.

예수님은 십자가 앞으로 나아가시는 동안 혼란에 빠진 제자들에게 다음과 같이 말씀하셨습니다. "너희는 마음에 근심하지 말라. 하나님을 믿고 또 나를 믿으라"(요 14:1). 그러면서 뒤이어 죽음과 부활이 아닌 영원한 천국에 대해 말씀하셨습니다. "내가 가서 너희가 있을 곳을 마련하면 다시 와서 너희를 내게로 데려갈 것이다. 그러면 너희도 내가 있는 곳에 함께 있게 될 것이다"(요 14:3). 우리 몸이 이 땅에 물리적이고 실제적으로 존재하듯이 주님께서 예비하신 곳도 분명히 물리적이고 실제적인 공간입니다.

C.S.루이스는 "하늘 아버지는 우리가 이 세상의 순례의 길을 가는 동안 종종 근사한 여관에서 쉬게 해 주시지만, 그것을 고향집으로 오해하는 것을 원치 않으신다"고 말했습니다. 종종 근사한 여관에 쉴지라도 그곳이 영원히 머무를 고향집이라고 오해하지 마십시오. 우리는 그리스도와 함께 영원한 집에 거하게 될 것입니다.

그런데 우리를 긴장하게 하는 한 말씀이 있습니다.

"우리 모두가 그리스도의 심판대 앞에 드러나야 하기 때문입니다. 그 결과 각기 선악 간에 몸으로 행한 것에 대해 보응을 받게 될 것입니다"(고후 5:10).

요한복음 5장 24절은 "나를 보내신 분을 믿는 사람은 영생이 있고 심판을 받지 않는다. 그는 죽음에서 생명으로 옮겨졌다"고 말씀하는데 심판대란 무엇일까요? 심판에는 두 가지가 있습니다. 하나는 요한계시록에 나오는 백보좌 심판이고 다른 하나는 그리스도의 심판, 곧 그리스도를 통해 그리스도와 함께하는 사람들이 서는 심판입니다.

이렇게 비유할 수 있습니다. 국제공항에 가면 외국인이 서는 줄과 내국인이 서는 줄이 있습니다. 또 국제선이 들어올 때와 국내선이 들어올 때가 다릅니다. 백보좌 심판이 그리스도를 믿지 않는 사람들, 곧 천국과 지옥을 구분하는 심판대라 한다면, 그리스도의 심판대는 그리스도를 믿는 이들의 모든 것이 드러나는, 그리스도 앞에서 우리의 모든 행위를 고백하는 자리라 할 수 있습니다. 용서를 구하는 자백이라기보다는 용서받은 죄를 인정하고 고백하는 자리인 것입니다.

그리스도의 심판대 앞에 섰을 때 우리는 부끄럽지 않을 수 있어야 합니다. 그래서 우리는 이 땅을 영원의 관점으로, 그리스도와 함께 그리스도의 심판대 앞에 선 자로 날마다 살아가야 합니다. 그리스도의 심판대를 말씀하신 이유는 이 땅에서 그리스도와 함께 영원한 삶의 관점을 가지고 천국의 시민답게 살라는 것입니다. 그 기준이 무엇입니까?

"우리는 믿음으로 행하고 보는 것으로 행하지 않습니다"(고후 5:7).

첫째는, 보이는 세상이 전부라고 생각하지 말고 보이지 않는 믿음의 눈으로, 영원한 관점으로 바라보라는 것입니다.

"그러므로 우리가 몸 안에 있든지 몸을 떠나 있든지 주를 기쁘게 하려고 힘씁니다"(고후 5:9).

둘째는, 주님을 기쁘시게 하기 위해 힘쓰라는 것입니다. 영원의 관점으로 바라볼 때 우리는 이 세상을 어떻게 살아가야 할지 결정할 수 있습니다. 영원의 관점으로 보지 않는 것은 참된 삶이 아닙니다. 영원의 관점으로 세상을 볼 때 우리는 진짜 세상을 볼 수 있습니다. 영원의 관점으로 세상을 보면 우리에게 주어진 시련, 아픔, 고통은 작은 티끌에 불과합니다. 사도 바울은 영원한 고통이 없는 그리스도와 함께하는 이 삶이 너무 좋아서 차라리 몸을 떠나 그리스도와 함께 거하게 되기를 원했습니다.

우리에게도 이런 간절한 소망이 있어야 합니다. 그리스도 없이는 이 땅에서 영원히 살 수 없기 때문입니다. 그리스도 없는 이 땅의 영광을 원합니까, 아니면 이 땅에서는 잠시 힘들지라도 그리스도와 함께하는 영원한 영광을 원합니까? 사도 바울은 이렇게 고백했습니다.

"그러므로 우리는 낙심하지 않습니다. 우리의 겉사람은 쇠할지라도 우리의 속사람은 날마다 새로워지고 있습니다. 우리가 잠시 당하는 가벼운 고난은 그것 모두를 능가하고도 남을 영원한 영광을 우리에게 이뤄 줄 것입니다. 우리가 주목하는 것은 보이는 것들이 아니라 보이지 않는 것들입니다. 보이는 것들은 잠깐이나 보이지 않는 것들은 영원하기 때문입니다"(고후 4:16-18).

미국에서 발행하는 〈목회자를 위한 리더십〉이라는 잡지에서 마샬 쉘리라는 사람의 글을 읽은 적이 있습니다. 1991년 11월 22일 오후 8시 20분에 토비라는 아이가 태어났습니다. 그런데 유전적인 희

귀 질병을 안고 태어나 세상에 나온 지 2분 만에 죽고 말았습니다. 그리고 3개월 후에 그의 두 살 된 딸마저 죽고 말았습니다. 그는 엄청난 상실감에 사로잡혀 하나님과 씨름했습니다. "하나님, 이유가 무엇입니까? 도대체 왜 두 살 된 딸과 단 2분밖에 살지 못한 제 아이를 데려가신 것입니까?" 기도하는 가운데 하나님의 음성이 들려왔습니다. "아니다, 아들아. 나는 네 자녀를 2분만 살게 창조한 것도, 2년만 살게 창조한 것도 아니란다. 나는 너를 40년, 혹은 50년, 60년만 살게 창조한 것이 아니라 영원히 살게 창조한 것이란다."

우리가 몇 살까지 살든, 어떠한 고난 속에서 어떠한 죽음을 맞이하든 우리는 이 땅에서 잠시 사는 것입니다. 우리에게 중요한 것은 영원입니다. 그것이 진짜 삶입니다. 우리는 영원의 관점으로 이 세상을 바라보며 살아가야 합니다.

†

세상의 모든 것을 다 갖췄다 할지라도
영원이 들어오지 않으면 만족이 없습니다.
그러나 세상의 모든 것을 다 잃어버렸다 할지라도
영원을 소유한 사람은 늘 만족합니다.

3부 /

그리스도 안에서
In Christ

그리스도를 따른다는 것은 무엇입니까?
나의 옛 사람은 완전히 잊고
그리스도 안에 있는 나만 바라보는 것입니다.
나의 의, 자기로 꽉 차 있는 나 자신을
십자가에 온전히 못 박고
내 안의 그리스도께서 원하시는 대로
살아가는 것입니다.

# 9
그리스도 안에서
결코 정죄함이 없습니다

"그러나 이제 그리스도 예수 안에 있는 사람들은 정죄를 받지 않습니다. 이는 그리스도 예수 안에 있는 생명의 성령의 법이 죄와 죽음의 법에서 여러분을 해방했기 때문입니다. 율법이 육신으로 인해 연약해져서 할 수 없던 그 일을 하나님께서는 하셨습니다. 곧 하나님께서는 죄를 속량해 주시려고 자기 아들을 죄 있는 육신의 모습으로 보내셔서 육신 안에서 죄를 심판하셨습니다. 이는 육신을 따라 살지 않고 성령을 따라 사는 우리에게 율법의 요구가 이루어지게 하시려는 것입니다"(롬 8:1-4).

로마서에서 가장 중요한 장이 5장이라고 한다면 가장 감동적인 장은 바로 8장입니다. 로마서 8장은 그리스도 안에서 의롭게 된 자들에게 주어진 안전함을 설명합니다. 그것은 일시적인 안전함이 아닌 영원한 안전함입니다. 우리는 이 장에서 그리스도 안에 있는 자에게 주어지는 안전과 승리와 소망을 발견할 수 있습니다.

"그러나 이제 그리스도 예수 안에 있는 사람들은 정죄를 받지 않습니다"(롬 8:1).

　로마서 8장 1절은 로마서 7장을 요약하는 원리입니다. 그리스도 안에서 의롭게 된 자에게 주시는 축복은 정죄를 받지 않는다는 것입니다. 로마서 1장에서 사도 바울이 지적한 전 인류의 문제는 무엇이었습니까? 정죄함입니다. 죄로 인한 하나님의 저주입니다. 그런데 로마서 8장 1절에서 전 인류를 어둠 가운데 내몰았던 원인이 해결되었다는 선언을 하고 있는 것입니다. "그러나 이제 … 정죄를 받지 않습니다." 이것이 복음의 정수입니다.

　우리 인생에서 가장 감동적인 선언은 '이제 더 이상 정죄를 받지 않는다'는 것입니다. 이 선언이 귀에 들려올 때 '과연 나에게도 그럴까?' 하는 질문을 던지지 마십시오. 복음이란 그리스도 안에 있는 사람들은 정죄를 받지 않는다는 놀라운 선언입니다.

정죄를 받지 않는 삶

여기서 정죄를 받지 않는다는 것은 무슨 뜻일까요? 첫째는, 하나님께서 우리를 거절하시지 않는다는 것입니다. 우리의 죄 때문에 우리를 버리시지 않는다는 것입니다. 예수님을 믿을 때 우리는 하나님의 가족으로 다시 태어납니다. 하나님의 가족으로 태어난 사람들은 어떠한 죄와 허물이 있다 할지라도 하나님의 가족에서 쫓겨나지 않습니다. 이것이 바로 정죄를 받지 않는다는 뜻입니다. 우리 마음에 깊은 상처를 가져다주는 것은 거절감입니다. 가정에서 받은 거절감, 사회에서 받은 거절감으로 인해 우리는 깊은 상처를 안고 살아갑니다. 이때 우리 마음에 있는 거절감을 씻어 낼 수 있는 유일한 길은 우리가 하나님께 거절되지 않았다는 것을 믿는 것입니다.

둘째는, 형벌이 없다는 것입니다. 하나님은 우리의 죄에 대한 영원한 형벌을 내리시지 않는다는 것입니다. 하나님께서 죄의 대가를 경험하도록 하시기 위해 일시적인 형벌을 내리실 수는 있습니다. 그러나 죄에 대한 대가를 정확하게 계산해서 내리신다면 우리는 모두 죽습니다. 정죄를 받지 않는다는 것은 우리가 받아야 할 죄에 대한 형벌을 내리시지 않는다는 것입니다.

"내가 진실로 진실로 너희에게 말한다. 누구든지 내 말을 듣고 나를 보내신 분을 믿는 사람은 영생이 있고 심판을 받지 않는다. 그는 죽음에서 생명으로 옮겨졌다"(요 5:24).

그렇다면 사도 바울은 왜 정죄를 받지 않는다는 것을 강조할까요? 우리가 스스로를 정죄할 필요는 없다는 것을 말해 주고 싶어서입니다. 우리를 정죄하실 수 있는 하나님께서 우리를 정죄하지 않으신다면 우리도 우리 자신을 정죄해서는 안 됩니다. 예수님을 믿는 사람들에게 있어 반드시 넘어서야 하는 관문은 자신을 정죄하지 않는 것입니다. 죄책감으로부터 자유하게 되는 것입니다. 이는 죄에 대해 회개할 필요가 없다는 말이 아닙니다. 실패할 수 있고 넘어질 수도 있지만 다시 일어설 수 있어야 한다는 것입니다.

죄책감이란 죄의 책임을 자신이 감당해서 해결하려는 마음을 뜻합니다. 그런데 과연 우리 자신이 죄를 감당할 수 있을까요? 그러려면 죽어야 합니다. 자신을 정죄하는 사람은 자신을 죽이는 것과 같습니다. 수많은 사람들이 자신을 죽이면서 살아갑니다. 그런데 하나님은 우리를 죽이는 것이 아니라 살리기를 원하십니다.

복음은 우리를 죽이는 것이 아니라 살리는 것입니다. 복음은 회복을 약속합니다. 우리가 회복할 수 있는 근거는 무엇입니까? 그리스도 안에 있는 사람들은 정죄를 받지 않는다는 것입니다. 복음은 우리 안에 새로운 자아상을 가져다줍니다. 자아상의 변화가 일어나지 않으면 복음을 받아들인 것이라고 결코 말할 수 없습니다.

사탄은 끊임없이 우리를 정죄합니다. '너는 하나님의 자녀라고 말할 수 없어. 네가 어떻게 구원받은 사람이라 할 수 있지? 너는 죄의 대가를 치러야 해. 너는 죄의 대가를 모두 감당해야 죄의 용서를 받을 수 있어.' 그러나 우리는 이 말에 휘둘리지 말아야 합니다. 그리스도 안에 있는 우리는 더 이상 정죄를 받지 않기 때문입니다.

여기서 기억해야 할 것은, 정죄를 받지 않는다는 것은 죄가 없다는 말이 아닙니다. 죄는 여전히 있습니다. 그렇다면 죄는 분명히 있는데 정죄를 받지 않는다는 것은 무슨 뜻입니까? 여기서 정죄의 반대말은 '칭의'입니다. 결국 정죄를 받지 않는다는 것은 칭의와 같은 말일 뿐입니다.

정죄를 받는다는 것은 잘못했을 때 죄가 있다고 그 죄를 규정하는 것입니다. 칭의란 죄가 있어도 죄가 없는 것으로 취급받는 것입니다. 칭의란 우리의 논리로는 불합리한 것입니다. 그러나 은혜란 비상식적인 것이 아니라 초상식적인 것, 논리를 초월한 것입니다. 그리스도 안에 있는 자에게 주어지는 축복은 분명 죄가 있음에도 불구하고 죄가 없는 것으로 여겨지는 것입니다. 예수님의 십자가 때문에, 그분의 죽으심과 부활 때문에 아무런 죄가 없는 자로 여겨지는 것이 칭의입니다.

생명의 성령의 법의 지배를 받으라

우리는 어떻게 정죄를 받지 않게 되었습니까? 로마서 8장 2절이 그 이유를 설명합니다. 1절이 원리라면 2절은 방법입니다.

"이는 그리스도 예수 안에 있는 생명의 성령의 법이 죄와 죽음의 법에서 여러분을 해방했기 때문입니다."

이유가 무엇입니까? 죄의 대가는 죽음이라고 분명히 언급하는 법이 있는데 왜 죄를 지었음에도 불구하고 정죄하지 않는 것일까요? 그것은 우리가 '죄의 대가는 죽음'이라는 법보다 더 강하고 영향력 있는 법에 의해 영향을 받기 때문입니다. 예를 들어, 중력의 법칙이 있습니다. 나무에 달린 사과는 아래로 떨어집니다. 위로 올라가는 법은 없습니다. 그런데 중력의 법칙보다 더 강하고 영향력 있는 힘이 위에서 끌어올리면 중력의 법칙은 더 이상 적용되지 않습니다. 하늘을 나는 비행기를 보십시오. 제트 엔진의 힘은 중력의 법칙에 의한 힘보다 더 강하기 때문에 그 무거운 비행기가 하늘을 날 수 있는 것입니다. 공기 역학의 법칙에 의해 지배되는 한 비행기는 떨어지지 않습니다. 이처럼 우리가 정죄를 받지 않는 것은 우리가 더 이상 죄와 사망의 법에 지배받는 사람이 아니기 때문입니다. 생명의 성령의 법이 우리를 그 법으로부터 자유롭게 만들었기 때문입니다.

죄와 사망의 법과 생명의 성령의 법의 차이는 무엇입니까? 죄와 사망의 법에서는 정죄는 할 수 있지만 죄를 없앨 수 있는 능력은 없었습니다. 이 법은 단지 죽일 수 있을 뿐입니다. 이는 법이 악하다는 것이 아니라, 법이 죄에 대해 사망을 요구한다는 것입니다. 그러나 생명의 성령의 법은 반대입니다. 죄를 없앰으로써 정죄가 사라지는 것입니다.

생명의 성령의 법이란 무엇입니까? 생명을 주는 성령의 법이라는 뜻입니다. 그것이 곧 복음입니다. 복음이란 우리 삶을 지배하는 법칙을 바꾸어 버리는 것입니다. 이를 로마서 6장에서는 '죄의 종에서 의의 종으로 변화된 것'으로, 로마서 8장에서는 '죄와 사망의 법에 지배받는 삶에서 생명의 성령의 법에 지배받는 삶으로 변화된 것'으로 설명했습니다. 법이 없어진 것이 아닙니다. 다른 법으로 바뀐 것입니다. 비자를 받고 다른 나라에 들어가면 다른 법을 따라 살아야 하듯이, 그리스도인들은 새로운 나라에 들어가서 사는 삶이 되었습니다. 성령의 법에 의해 살아야 하는 사람들이 된 것입니다.

그리스도 안에 머물라

"그러나 이제 그리스도 예수 안에 있는 사람들은 정죄를 받지 않습니다"(롬 8:1).

이 말씀에서 '이제'(now)에는 두 가지 의미가 있습니다. 첫째는, '마침내'(finally now)입니다. 이것이 3절에서 발견됩니다.

"율법이 육신으로 인해 연약해져서 할 수 없던 그 일을 하나님께서는 하셨습니다. 곧 하나님께서는 죄를 속량해 주시려고 자기 아들을 죄 있는 육신의 모습으로 보내셔서 육신 안에서 죄를 심판하셨습니다"(롬 8:3).

율법이 할 수 없는 것을 '마침내' 하나님께서 하셨다는 것입니다. 율법이 우리를 의롭게 만들지 못한 것은 단지 요구 사항만을 제시했기 때문입니다. 그것은 율법의 문제가 아니라, 그 요구 사항을 이루지 못하는 우리의 문제입니다. 율법의 연약함은 율법 자체가 아닌 우리 안에 있는 죄의 성품에 있습니다. 하나님께서 하신 일은 죄가 없는 당신의 아들을 정죄하셔서 정죄 받은 자에게 주어지는 율법의 저주를 담당하도록 만드신 것입니다. 왜 그렇게 하셨습니까? 로마서 8장 4절이 그 이유를 설명합니다.

"이는 육신을 따라 살지 않고 성령을 따라 사는 우리에게 율법의 요구가 이루어지게 하시려는 것입니다."

왜 예수님께서 육신 안에서 정죄를 받으셨습니까? 우리가 이루지 못하는 율법의 요구를 이루어 주시기 위해서입니다. 정죄 받은 자에 대한 율법의 요구는 죽음입니다. 율법은 "죄의 대가는 죽음이요"(롬 6:23)라고 말씀합니다. 그런데 그 율법의 요구가 그리스도 안에서 완벽하게 이루어졌습니다. 하나님께서 모든 일을 이루셨기에 우리는 정죄를 받지 않게 된 것입니다.

둘째는, '이미'(already now)입니다.

"누가 하나님께서 택하신 자들을 고소할 수 있겠습니까? 의롭다고 인정하신 분은 하나님이십니다. 누가 정죄하겠습니까? 죽었을 뿐 아니라 살리심을 받으신 분은 그리스도 예수십니다. 그분은 하나님 오른편에 계시며 우리를 위해 간구하십니다"(롬 8:33-34).

우리는 '이미' 하나님의 선택을 받은 자입니다. 이미 선택받은 자이기 때문에 우리는 정죄를 받지 않습니다.

스가랴 3장은 그리스도 안에서 의롭게 된 자에게 주어진 축복을 아름다운 모습으로 보여 줍니다. 스가랴는 환상 가운데 사탄의 고소를 받고 있는 대제사장 여호수아를 보고 있습니다. 사탄이 오른쪽에서 여호수아를 고소합니다. 고소의 이유는 대제사장 여호수아가 더러운 옷을 입고 있기 때문입니다. 사탄은 검사의 역할을 하고 있습니다. 그의 고소에는 합당한 근거가 있습니다. 사탄의 고소의 근거는 율법입니다. 율법에 의하면 대제사장은 입어야 할 옷이 있습니다. 대제사장의 옷을 입지 않으면 죽임을 당할 수 있습니다. 그런데 대제사장은 지금 합당하지 못한 모습으로 서 있습니다.

율법의 정당한 고소에 대해 하나님은 어떤 판결을 내리십니까? 하나님은 대제사장 여호수아가 아닌 사탄을 책망하십니다. 이유가 무엇입니까? 첫째는, 예루살렘을 택하셨기 때문입니다(슥 3:2 참조). 하나님의 선택은 율법보다 중요합니다. 하나님께서 이스라엘에게 율법을 주신 것은 이스라엘을 당신의 백성으로 선택하신 후, 곧 출애굽시키신 후입니다. 둘째는, 고소의 원인이 되는 더러운 옷을 벗기고 아름다운 옷을 입히심으로써 정죄의 원인을 없애 버리셨기 때문입니다(슥 3:4 참조). 어떻게 이런 일이 가능한지를 곁에 서 있던 여호와의 천사가 설명합니다. "이 땅의 죄를 하루 만에 없애겠다"(슥 3:9). 하나님께서 보내신 아들 예수께서 이 땅의 죄악을 하루 만에 제해 버리시는 사건을 통해 모든 고소의 원인이 사라지는 것입니다. 따라서 그리스도 안에 있는 사람들은 정죄를 받지 않게 된 것입니다.

그리스도 안에 있는 사람들은 정죄를 받지 않는다는 사실을 기억하십시오. 하나님께서 정죄의 원인이 되는 율법의 요구인 죽음을 그리스도의 죽음으로 모두 이루셨기 때문입니다. 하나님은 오늘도 우리에게 말씀하십니다. "너는 더 이상 정죄를 받지 않는다."

10
그리스도 안에서
성령을 따라 살아갑니다

"육신을 따라 사는 사람은 육신의 일을 생각하지만 성령을 따라 사는 사람은 성령의 일을 생각합니다. 육신의 생각은 죽음이지만 성령의 생각은 생명과 평안입니다. 육신의 생각은 하나님을 적대하는 것입니다. 그것은 하나님의 법에 복종하지 않을 뿐더러 복종할 수도 없습니다. 육신 안에 사는 사람들은 하나님을 기쁘시게 할 수 없습니다. 그러나 하나님의 영이 여러분 안에 거하시면 여러분은 육신에 있지 않고 성령 안에 있습니다. 누구든지 그리스도의 영이 없으면 그리스도의 사람이 아닙니다. 그러나 그리스도가 여러분 안에 계시다면 몸은 죄로 인해 죽으나 영은 의로 인해 살아 있습니다. 예수를 죽은 사람 가운데서 살리신 분의 영이 여러분 안에 거하시면, 그리스도 예수를 죽은 사람 가운데서 살리신 분께서 여러분 안에 거하시는 자기 영으로 인해 여러분의 죽을 몸도 살리실 것입니다"(롬 8:5-11).

그리스도께서 내 안에, 내가 그리스도 안에 거하는 삶은 실제입니다. 표어가 아니라 살아 있는 진리이기에 우리는 이 진리를 체험해야 합니다. 성경은 십자가에서 죽으신 그리스도를 믿을 때 우리는 그리스도와 함께 죽고 또 함께 다시 살리심을 받아 하늘에 앉힌바 되어 영광 가운데 변화될 것을 말씀합니다.

다시 살아난 그 생명이 우리 안에 있습니다. 골로새서 말씀에 보면 그리스도 안에 있는 이 생명이 지금은 감추어져 있습니다. 세상의 눈으로 볼 때는 잘 보이지 않는다는 것입니다. 감추어져 있는 이 생명이 온전히 나타날 때가 올 것입니다.

그리스도 안에서 새 생명을 가진 자가 되었기에 이제는 그리스도 안의 새로운 피조물입니다. 새 창조의 역사가 일어난 것입니다. 전혀 없던 것이 세상에 존재하게 된 옛 창조가 있었던 것처럼, 옛 창조에서 없었던 전혀 새로운 생명이 우리 속에 태어난 것입니다. 지금은 우리가 옛 창조의 질서 속에 있기에 이것이 전부인 줄 알지만, 하나님께서 우리 안에 새로운 생명을 창조하신 것은 새 하늘과 새 땅이 우리에게 예비되어 있기 때문입니다. 새 하늘과 새 땅에는 우리의 옛 육신으로는 들어갈 수 없습니다. 우리가 이 땅에서 준비해야 될 것은 새 생명입니다.

새로운 생명, 새로운 인류

그리스도 안에 있는 우리는 새로운 피조물입니다. 사도 바울은 로마서를 통해 새로운 피조물이 된 성도들의 영적 체험의 단계를 세밀하게 설명해 줍니다. 5장에서는 그리스도를 통해서 값없이 의롭다 함을 얻게 되었습니다. 6장에서는 우리 옛 사람이 그리스도와 함께 죽고 다시 살게 되었습니다. 7장에서는 율법에 대해 죽은 자가 되었습니다. 죄에 대해 죽은 자가 되었기에 죄를 죄로 정죄하는 율법에 대해서도 죽은 자가 되는 것입니다.

로마서 8장에 이르러서는 정죄함이 없어졌습니다. 이는 우리 안에 죄가 없기 때문이 아닙니다. 우리가 완전해졌기 때문도 아닙니다. 그리스도 안에 있는 자들은 옛 사람과 죄의 습성이 여전히 살아 있음에도 불구하고 그 안에 새 생명이 태어났기에, 더 이상 죄에 대해 교통하는 자가 아니라 죄에 대해 죽은 자가 되었습니다. 따라서 그 죄를 정죄하는 율법에 대해서도 죽은 자가 되는 것입니다. 이로 인해 죄와 사망의 법아래 있지 않고 죄와 사망의 법에서 해방된 자가 되었습니다. 이제 우리는 생명의 성령의 법으로 살아가는 새 생명의 삶을 살게 된 것입니다.

그리스도인의 삶은 개선되는 게 아닙니다. 좀 더 착한 사람이 되는 것도, 우리의 옛 육신을 교육을 통해 조금 더 나은 삶으로 변화시키는 것도 아닙니다. 그것을 뛰어넘는 것입니다. 겉으로는 별 차이가 없어 보입니다. 똑같이 구제하고, 사랑하고, 똑같이 다른 사람을 생각하는 것 같습니다. 우리의 옛 육신 가운데도 선하게 살아가는 삶이 있습니다. 그런데 옛 육신의 선한 삶은 모두 죽음으로 끝납니다. 우리 안에 있는 새 생명의 삶으로 나타나는 것만 영원히 존재할 수 있습니다. 그래서 우리는 결코 정죄함이 없는, 죄와 사망의 법이 결코 우리를 주장할 수 없는 새 생명의 삶으로 들어가야 할 것입니다.

그리스도 안에서 우리는 개선되고 좀 더 나아지는 게 아니라 옛 사람은 죽고 새 생명으로 완전히 다시 시작하는 것입니다. 하나님께서 새로운 인류로 부르신 것입니다. 첫째 아담의 죄로 인해 죽을 몸이 이제는 둘째 아담에 속한 자, 새 생명 가운데 살아가는 자가 되어 새로운 창조 질서를 가진 새로운 세상 속에서 새로운 인류로 살아가도록 부르심을 받은 것입니다. 이것이 그리스도를 통해서 이루어졌고, 그리스도와 함께할 때 체험되며, 그 상태가 바로 그리스도 안에 있는 자가 되는 것입니다.

우리는 이 복음의 비밀을 깨달아야 합니다. 이것은 기초가 아니라 전부입니다. 우리는 그리스도인이 되는 것을 너무 가볍게 생각하는 경향이 있습니다. 신앙생활 기초반으로 한두 주 강의 듣고 수학 공식처럼 외운다고 끝나는 게 아닙니다. 이는 일평생, 우리가 주님 앞에 이를 때까지 더 깊이 체험해 가야 하는 진리입니다. 이것 외에 다른 진리는 없습니다.

교회는 이것을 함께 체험하는 공동체입니다. 우리가 세상에 나누어 줄 것은 그리스도의 생명뿐입니다. 그리스도의 생명이 우리 안에 있기 때문에 다른 이에게 선을 베풀며 그 생명을 전할 수 있는 것입니다. 우리는 이 생명을 그리스도 안에서 평생 누릴 수 있습니다. 그래서 어떤 의미에서 교회의 설교 주제는 매주 같아야 합니다. 주님 앞에 설 때까지 우리는 그리스도를 아는 지식만이 우리의 전부임을 체험해야 합니다.

성령의 교통하심을 체험하는 삶

사도 바울은 '내가 그리스도 안에 거하고 그리스도께서 내 안에 거하시는 삶'이 우리의 힘으로는 되지 않음을 고백했습니다. 이는 옛 육신에 속한 나의 노력으로 이루어지는 게 아니라는 것입니다. 이는 어려운 게 아니라 불가능합니다. 성령의 임재와 능력이 없으면 불가능한 것입니다. 그래서 그리스도인의 삶은 초자연적인 것입니다. 우리는 보이는 세상, 자연의 법칙과 질서에만 익숙했기 때문에 초자연적인 삶을 날마다 부인하고, 수많은 초자연적인 하나님의 역사 속에 살면서도 초자연적인 삶을 인정하지 않습니다. 우리가 기도하는 것 자체가 얼마나 초자연적인 질서입니까? 기도하면서 초자연적인 삶을 믿지 않는 것은 말 그대로 모순입니다.

"주 예수 그리스도의 은혜와 하나님의 사랑과 성령의 교통하심이 여러분 모두와 함께하시기를 빕니다"(고후 13:13).

이 말씀에서 가장 중요한 단어는 '성령의 교통하심'입니다. 이것은 무엇입니까? 삼위일체 하나님과 성도 한 사람 한 사람의 교통하심이 이루어진다는 것입니다. 이는 초자연적인 삶입니다. 이 성령의 교통하심을 체험하지 못하면 그리스도께서 내 안에, 내가 그리스도 안에 거하는 삶이 허황된 말처럼 들리는 것입니다. 우리는 이 성령의 교통하심을 사모해야 합니다.

교통하심은 말 그대로 대화입니다. 이는 성령님을 통해서 이루어집니다. 이것이 성령님의 주된 역할입니다. 진정한 연합(communion)은 대화(communication)를 통해서만 이루어지는 것입니다. 성령의 교통하심이 필요한 것은 그리스도와 내가 연합하기 위해서입니다. 우리는 날마다 이 성령의 교통하심을 체험해야 합니다.

그리스도께서 내 안에, 내가 그리스도 안에 거하는 삶이 한편으로는 마음에 부담이 됩니다. 부담이 되는 만큼 내 힘으로 하려 하기 때문입니다. 내 힘으로는 결코 이룰 수 없습니다. 이것은 성령의 교통하심의 은혜를 입어야만 가능한 것입니다. 그래서 우리는 성령을 통해 주어진 약속들을 잘 기억하고 체험해야 합니다.

"여러분으로 말하자면 그리스도께서 기름 부어 주신 것이 여러분 안에 머무르므로 아무도 여러분을 가르칠 필요가 없습니다. 그리스도께서 기름 부어 주신 것이 여러분에게 모든 것을 가르쳐 주십니다. 그 가르침은 참되고 거짓이 없으니 여러분을 가르치신 그대로 그리스도 안에 머무르십시오"(요일 2:27).

성령께서 왜 우리 안에 거하십니까? 그리스도께서 내 안에, 내가 그리스도 안에 거하는 이 연합의 삶을 체험하도록 오신 분이 바로 성령님이시기 때문입니다. 이 성령의 가르치심을 지적인 차원으로만 생각하기 때문에 체험되지 않는 것입니다. 우리는 먼저 이해한 다음에 체험의 차원으로 나아간다고 생각합니다. 그러나 사실은 정반대일 경우가 많습니다. 체험이 먼저고 깨닫는 것이 나중입니다. 체험이 앞서는 것입니다. 성령의 역사를 깨닫기 위해 수십 권의 책을 읽는다고 해서 성령의 역사가 일어나는 것이 아닙니다. 무릎 꿇고 기도하는 순간 성령의 역사가 시작되는 것입니다.

참된 신앙이란 우리 영혼에 살아 계신 성령 하나님을 의지하고 체험해 가며 변화되어 가기 시작하는 것입니다. 이는 신비로운 일입니다. 성령님은 우리 영혼을 다시 살리실 뿐 아니라 그 교통하심을 통해 그리스도께서 내 안에, 내가 그리스도 안에 거하는 이 연합을 이끌어 가시는 중보자와 통로가 되십니다. 그래서 로마서 5-7장까지의 목적지가 바로 8장이 되는 것입니다. 새로운 피조물 된 삶을 살 수 있는 능력은 오직 성령 안에서만 가능한 것입니다. 그래서 보혜사 성령의 임재하심을 약속하신 것입니다. 오순절 성령이 임한 이후에 제자들의 삶이 완전히 변화된 것처럼, 우리에게도 그러한 성령 안에서의 삶이 반드시 필요합니다.

성령을 따라 살아가라

로마서 8장 5절 이하에서는 사람을 두 부류로 나눕니다. 하나는 육신을 따라 사는 사람, 또 하나는 성령을 따라 사는 사람입니다. 육신을 따라 사는 사람은 말 그대로 허물과 죄로 죽어 있는 육신이 전부인 사람입니다. 이들은 보이는 것이 전부이고, 영혼에 대해서는 관심이 없으며, 하나님께 대해 적대적이고, 인정하지 않으며, 하나님을 기쁘시게 하지도 않는 영적으로 죽은 자들, 한마디로 영적 생명이 없는 자들입니다.

반대로 성령을 따라 사는 사람은 모든 그리스도인들을 가리킵니다. 성령을 따라 산다고 할 때는 우리 안에 계시는 새 생명과 성령의 법아래 있는 자의 삶을 사는 것입니다. 분명히 그리스도 안에는 영적 성숙의 차이가 존재합니다. 그러나 중요한 건 어린아이, 갓난아이라도 생명이 있다는 것입니다. 그 생명이 존재한다면 모두 성령을 따라 사는 사람인 것입니다. 그리고 그러한 삶을 살아야 성장이 이루어집니다.

성령을 따라 사는 사람들도 때로는 죄를 짓고 옛 육신의 습성대로 살지만 더 이상 육신의 신분으로는 돌아가지 않습니다. 그것이 로마서 8장 1-2절의 선언입니다. 로마서 7장의 갈등이 있는 상태라 할지라도, 그래서 성숙하지 못한 상태라 할지라도 그리스도 안에 있는 자에게는 결코 정죄함이 없습니다.

왜 이런 선언이 주어집니까? 나는 이제 육신에 속한 자가 아니라 생명에 속한 자, 영에 속한 자이기 때문에 이제는 죄와 사망의 법이 나를 주장하지 못하기 때문입니다. 생명과 성령의 법아래 있기 때문에 결코 정죄함이 없는 것입니다. 이는 완전하다는 것이 아닙니다. 죄악 된 습관이 다 사라졌다는 것도 아닙니다. 우리 안에 어떠한 죄와 허물과 연약함이 있다 할지라도 하나님은 이제 그리스도라는 렌즈를 통해서 우리를 보신다는 것입니다. 우리를 대신해서 죽으신 그리스도를 통해서 보시기 때문에 우리 안에 연약한 모습, 죄악 된 습관이 있다 할지라도 우리를 그리스도 밖으로 쫓아내지 않으신다는 것입니다. 그리스도 안에 있는 자로서 우리를 정죄함이 없는 삶으로 인도하시는 것입니다.

로마서 8장 1절은 "정죄를 받지 않습니다"라는 말씀으로 시작하고, 8장 마지막 구절(39절)은 "그리스도 예수 우리 주 안에 있는 하나님의 사랑에서 우리를 끊을 수 없습니다"라는 말씀으로 마칩니다. 그리스도 안에 있는 성도들의 영원한 안전을 설명하는 것입니다. 죄와 허물이 드러나면 천국에 가지 못하는 차원의 구원이 아닌 것입니다.

그렇다고 아무렇게나 살아도 된다는 건 아닙니다. 요한일서에 보면 '새 생명을 받은 자, 생명의 씨앗을 받은 자는 죄를 지을 수 없다'(요일 3:9 참조)고 말씀합니다. 더 이상 죄 가운데 거하지 못한다는 것입니다. 그런데 한글 번역에서 빠진 게 있습니다. '계속해서'입니다. 죄를 계속해서 지을 수 없다는 것입니다.

우리 안에 있는 새 생명이 성장함에 따라 우리는 계속해서 죄 가운데 거할 수 없습니다. 죄가 싫어지는 것입니다. 우리 안에 있는 변화는 새 생명이 우리 가운데 만들어 내는 변화입니다. 죄와 사망의 법

아래 있지 않고 생명과 성령의 법 아래서 우리에게 나타나는 변화입니다. 성령께서 우리를 다시 살리실 뿐 아니라, 우리를 가르쳐 온전하게 하시고, 우리가 그리스도 안에 거하도록 인도하시는 것입니다.

그렇다고 해서 그리스도께서 하나님과 나눈 연합의 차원은 아닙니다. 그건 본질적인 차원입니다. 성령께서 내 안에 온전히 거하신다고 해서 내가 성령 하나님이 되는 것은 아닙니다. 그것은 차원이 다른 것입니다. 분명한 것은 그리스도께서 내 안에 거하시고 그리스도의 영이 우리 가운데 거하시면 놀라운 생명의 역사가 나타난다는 것입니다. 나를 통해 새 생명이 전달되는 것입니다. 믿지 않던 영혼이 나를 통해 믿게 되는 생명 전달의 역사가 일어나는 것입니다. 이는 생명만이 생명을 낳을 수 있기 때문입니다.

"그러나 그리스도가 여러분 안에 계시다면 몸은 죄로 인해 죽으나 영은 의로 인해 살아 있습니다. 예수를 죽은 사람 가운데서 살리신 분의 영이 여러분 안에 거하시면, 그리스도 예수를 죽은 사람 가운데서 살리신 분께서 여러분 안에 거하시는 자기 영으로 인해 여러분의 죽을 몸도 살리실 것입니다"(롬 8:10-11).

우리는 이 세상에 태어나는 그 순간부터 살아가고 있다고 말하지만 사실은 죽어 가고 있습니다. 아담 안에서 태어난 몸은 자랄지라도 사실은 죽음을 향해 가고 있는 것입니다. 그런데 성령의 임재하심으로 우리 가운데 새 생명이 거하시면 우리의 영이 살아나고 우리의 죽을 몸도 다시 살리시는 새 몸을 입게 되는 것입니다.

씨앗이 심겨지면 씨앗은 썩어 없어지지만 씨앗 안에 있는 생명으로 인해 그 씨앗은 새로운 식물로 변화됩니다. 씨앗은 사라지지만 새로운 몸을 입게 되는 것입니다. 변화는 어디서 일어납니까? 그 씨앗 안에 있는 생명으로 인해 일어납니다.

우리의 몸은 죽을 몸이고 영적으로 이미 죽은 몸이지만 우리 안에 있는 생명이 이제 새 몸을 입게 되어 부활의 새 생명으로 다시 살게 될 것입니다. 그런데 이는 죽음 이후에 체험하는 것이 아니라 그리스도의 임재 가운데 살아갈 때, 그리스도의 임재하심을 체험할 때 우리는 매일 부활 생명으로 살아가는 것입니다.

고린도후서 3장 17절은 "주께서는 영이시며 주의 영이 계신 곳에는 자유가 있습니다"라고 말씀합니다. 여기서 자유는 죄지을 자유가 아니라, 우리가 그리스도 안에 거하지 못하도록 우리의 영혼을 가로막고 우리의 영혼을 세상으로 향하게 하는 모든 방해물들을 다 제거하는 자유입니다. 세상의 것을 버릴 수 있는, 세상의 욕심대로 살지 않을 수 있는 자유인 것입니다. 우리는 이 자유를 날마다 누릴 수 있어야 합니다.

성령을 따라 살아가기 위해서는 우리의 의식적 참여가 요구됩니다. 이는 우리의 의식, 우리의 결심, 우리의 노력으로 이루어지는 것이 아닙니다. 존 오웬은 성령의 역사와 성도들의 의지의 관계를 이렇게 설명했습니다. "성령님은 우리 안에서 우리와 함께 역사하신다. 그러나 우리 없이 우리를 거슬러 역사하시지는 않는다." 성령님은 인격적인 분이십니다. 자유의지를 가진 우리가 성령님의 인도하심을 인정하고, 환영하고, 받아들이고, 순종하고, 때로는 다 이해되지 않을지라도 성령을 따라 행하려고 할 때 비로소 일하신다는 것입니다.

하나님의 영이 우리 안에 거하심을 믿으십시오. 우리 안에는 그리스도의 생명이 있습니다. 우리는 새 생명 가운데 살아가는 존재입니다. 그렇기에 우리는 성령을 따라 살아야 합니다. 우리의 믿음 가운데 날마다 성령을 따라 살아가는 자유의지의 헌신과 순종이 있을 때 놀랍게도 우리는 그리스도께서 우리 안에 거하시는 삶을 체험하게 될 것입니다.

11
그리스도 안에 거할 때 열매가 맺어집니다

"나는 포도나무요 너희는 가지다. 그가 내 안에 있고 내가 그 안에 있으면 그 사람은 많은 열매를 맺는다. 나를 떠나서는 너희가 아무 것도 할 수 없다. 누구든지 내 안에 있지 않으면 그 사람은 쓸모없는 가지처럼 버려져 말라 버린다. 사람들이 그런 가지들은 모아다가 불 속에 던져 태워 버린다. 만일 너희가 내 안에 있고 내 말이 너희 안에 있으면 너희가 원하는 것이 무엇이든지 구하라. 그러면 그대로 이루어질 것이다. 너희가 열매를 많이 맺으면 내 제자가 되고 이것으로 아버지께서 영광을 받으실 것이다"(요 15:5-8).

참된 믿음에 있어 우리의 노력이나 열심보다 더 중요한 것은 예수님과의 올바른 관계입니다. 믿음은 예수님과의 관계에서부터 출발해야 합니다.

요한복음 15장처럼 많은 오해 속에서 잘못 적용되는 말씀도 없습니다. 이를 율법적으로 적용하고 종교적으로 해석함으로써 예수님께서 우리에게 가르쳐 주시고자 했던 그리스도와 우리와의 올바른 관계를 잃어버릴 때가 얼마나 많은지 모릅니다. 한 예로, 우리는 선불리 말씀 후반에 나오는 '열매를 많이 맺는 가지'에 집착한 나머지 삶에서 많은 열매를 맺어야 한다는 율법적인 결론에 다다릅니다. 그러나 이는 사실 틀린 말입니다. 열매는 어떤 조건, 환경, 상태가 맞아떨어질 때 자연스럽게 맺히는 것이기 때문입니다. 그런데 우리는 열매를 맺어야 한다는 율법적인 해석 속에서 우리의 신앙 또한 무엇인가를 해야 하는 것처럼 해석합니다.

신앙은 우리가 하나님을 위해서 무엇인가를 하는 것 이전에 하나님께서 우리를 위해 행하신 일에 기초하는 것입니다. 하나님께서 우리를 위해 행하신 일을 온전히 깨닫지 못하면 우리가 하는 모든 열심은 그저 종교 생활밖에 되지 않습니다. 참된 예수님과 나와의 관계를 이해하지 못하는 오류에 빠지게 되는 것입니다.

"나는 포도나무요 너희는 가지다"

예수님은 그리스도와 우리 그리고 하나님과의 관계를 이렇게 설명하십니다.

"나는 참포도나무요 내 아버지는 농부시다. 내게 붙어 있으면서도 열매를 맺지 못하는 가지는 아버지께서 다 자르실 것이요, 열매를 맺는 가지는 더 많은 열매를 맺도록 깨끗하게 손질하신다"(요 15:1-2).

예수님은 자신을 포도나무에, 아버지이신 하나님을 농부에 그리고 우리를 그 나무에 붙어 있는 가지에 빗대어 말씀하셨습니다. 우리는 이 단순한 사실을 깊이 묵상해야 합니다. 성급하게 넘어가다 보면 앞서 말했던 것처럼 '많은 열매를 맺어야 한다'는 잘못된 결론에 다다르기 때문입니다. 이는 스스로 열매를 맺을 수 없는 가지의 정체성을 왜곡하는 것입니다(요 15:4-5 참조). 가지는 아무것도 할 수 없습니다. 가지는 나무에 붙어 있을 뿐, 나무를 기르고 돌보는 것은 농부가 하는 일입니다. 열매에 대한 궁극적인 책임은 사실 농부에게 있습니다. 농부가 열매를 맺게 하는 것입니다.

예수님은 이 비유를 통해 우리가 무엇을 해야 할 것인가를 말씀하시기 전에, 먼저 하나님과 예수님 당신께서 우리를 통해 어떤 것을 이루시고자 하는지를 충분히 말씀하셨습니다. 그것을 먼저 깨닫는 것이 중요합니다. 주님께서 우리 안에 거하시는 일 없이 우리가 먼저 주님 안에 거할 수는 없기 때문입니다. 그리스도께서 내 안에 거하시는 일이 이루어졌기 때문에 내가 주님 안에 거할 수 있는 것입니다.

농부이신 하나님

농부이신 하나님과 참포도나무이신 예수님께서 우리를 위해 어떤 일을 행하시는지를 깨닫지 못하면 이 열매라는 단어를 오해하게 됩니다. 예수님은 먼저 농부이신 하나님께서 어떤 일을 행하시는지를 설명하십니다. "내게 붙어 있으면서도 열매를 맺지 못하는 가지는 아버지께서 다 자르실 것이요, 열매를 맺는 가지는 더 많은 열매를 맺도록 깨끗하게 손질하신다"(요 15:2). 여기서 열매 맺지 못하는 가지와 열매 맺는 가지를 지나치게 확대해서 해석하면 오류가 생깁니다. 이것은 문장 그대로 해석해야지, 이것이 어떤 부류의 사람을 가리키느냐로 해석하기 시작하면 비유의 목적을 넘어서는 것입니다.

포도나무 가지는 빠르게 뻗어 나가는 특성이 있습니다. 그러나 가구를 만들 수 있는 다른 두꺼운 나무와는 달리 포도나무는 가지와 줄기가 가늘어 거기에 맺히는 열매 외에는 아무런 쓸모가 없습니다. 그런데 예수님은 '열매를 맺지 못하는 가지는 아버지께서 다 자르실 것이요'라고 말씀하십니다.

빠른 시간 내에 뻗어 나가기 때문에 때로 어떤 가지들은 땅에 떨어지고 파묻히면서 열매를 맺지 못하게 됩니다. 이를 위해 농부는 가지를 들어 올리거나 깨끗하게 가지치기해 풍성한 열매를 맺게 합니다.

하나님은 우리의 삶이 땅에 파묻혀 하나님께서 원하시는 열매를 맺지 못할 때 우리를 들어 올리십니다. 들어 올리시는 과정이 때로는 고통스럽습니다. 그러나 하나님은 끝까지 들어 올리십니다. 그것이 우리가 살 길이기 때문입니다. 이때 땅에 파묻혀 죽음에 처해 있는 우리를 들어 올리신 것이 바로 십자가의 사건입니다. 땅에 파묻힌 가지를 막대기로 떠받쳐서 열매 맺는 가지가 되도록 하시기 위해 하나님은 지금도 들어 올리는 일을 끊임없이 하시는 선한 농부이십니다.

하나님은 또한 더 많은 열매를 맺도록 때로는 깨끗하게 손질하십니다. 가지치기를 하시는 것입니다. 열매를 잘 맺는 가지가 되게 하기 위해서 포도나무는 최소한 몇 년 동안 철저하게 가지치기를 해 줘야 한다고 합니다. 잘 자라는 성향 때문에 가지가 너무 많으면 영양분이 열매에까지 공급되지 않기 때문입니다. 그래서 어떻게 보면 괜찮은 가지인 것 같아도 더 많은 열매를 바라보며 계속해서 쳐 내는 것입니다. 가지치기가 심하면 더 큰 상처를 입는 것 같지만 사실은 더 많은 향기와 아름다움이 나타납니다. 우리 인생도 마찬가지입니다. 쳐 내는 것이 때로는 고통스럽지만 우리 인생을 가지치기하시는 하나님은 이를 통해 진정한 열매를 맺게 하십니다.

참포도나무이신 예수님

포도나무이신 예수님은 우리가 열매 맺는 가지가 되도록 어떤 일을 하십니까? 3절에 보면 "너희는 내가 너희에게 말한 그 말로 인해 이미 깨끗해졌다"고 말씀하십니다. 천국의 농부이신 하나님께서 가지를 치실 때 사용하시는 칼은 말씀의 칼입니다. 좌우에 날선 어떤 칼보다도 예리한 하나님의 말씀으로 우리를 가지 치시는 것입니다. 말씀으로 우리를 깨끗하게 하시는 것입니다.

또 9절에 보면 "아버지께서 나를 사랑하신 것처럼 나도 너희를 사랑했다. 너희는 내 사랑 안에 머물러 있으라"고 말씀하십니다. 아버지께서 그리스도를 사랑하신 것처럼 우리를 사랑하셔서 십자가에서 죽으신 그 사랑을 말씀하시는 것입니다. 포도나무에서 가지로 계속해서 흐르는 이 생명의 수액은 사랑입니다. 하나님은 우리에게 무엇인가를 요구하시기 전에 그리스도를 통해서 그 풍성하신 사랑을 우리에게 부어 주시는 사랑의 하나님이십니다.

"우리가 아직 죄인이었을 때 그리스도께서 우리를 위해 죽으심으로 하나님께서는 우리에 대한 그분의 사랑을 나타내셨습니다"(롬 5:8).

그리스도께서 내 안에 거하심으로 하나님의 사랑이 우리 안에 밀려와야 합니다. 포도나무의 뿌리로부터 올라오는 사랑의 수액이 우리 가지를 향해 계속해서 흘러가야 하는 것입니다. 이것이 먼저입니다. 우리가 무엇인가를 해야 하나님께서 기뻐하신다고 생각하는 것은 우리의 신앙이 잘못된 율법주의적인, 행위 중심적인, 공로 중심적인 신앙생활로 바뀐 것입니다. 주님 안에 거하라고 말씀하시기 이전에 거할 수밖에 없는, 거해야만 하는 충분한 이유와 역사를 우리를 위해서 먼저 베풀어 주신 것을 기억하십시오.

포도나무 가지인 인간

"내 안에 머물러 있으라. 그러면 나도 너희 안에 머물러 있을 것이다. 가지가 포도나무에 붙어 있지 않으면 스스로 열매를 맺지 못하는 것처럼 너희도 내 안에 있지 않으면 열매를 맺을 수 없다. 나는 포도나무요 너희는 가지다. 그가 내 안에 있고 내가 그 안에 있으면 그 사람은 많은 열매를 맺는다. 나를 떠나서는 너희가 아무것도 할 수 없다"(요 15:4-5).

가지의 정체성은 무엇입니까? 나무에 붙어 있는 것입니다. 나무와 가지가 붙어 있는 것만큼 긴밀한 연합은 없습니다. 같은 DNA를 가진 나무로부터 가지가 파생된 것처럼, 우리가 그리스도 안에 있다는 것은 무언가 새로운 것을 하는 게 아니라 우리가 원래 있어야 할 위치에 있는 것입니다. 그리스도를 통해서만 우리 존재의 근원이시고 우리를 창조하신 하나님께로 돌아갈 수 있기 때문입니다. 마땅히 있어야 할 자리로 회복되는 것입니다.

가지가 열매를 맺기 위해서 해야 할 일은 무엇입니까? 단 하나, 붙어 있는 것입니다. 그래서 예수님은 "내 안에 머물러 있으라. 그러면 나도 너희 안에 머물러 있을 것이다"(요 15:4)라고 말씀하신 것입니다. 요한복음 15장에는 '안에'라는 전치사가 굉장히 많이 등장합니다. 이 전치사만큼 단순하면서도 심오한 단어는 없습니다.

사도 바울은 예수 그리스도와 자신의 관계를 '그리스도 안에'라는 단어로 표현했습니다. 그는 자신을 소개할 때도 '그리스도 안에 있는 한 사람'이라고 표현했습니다. 그리스도인이란 무엇입니까? 그리스도 안에 있는 사람입니다. 우리는 그리스도께서 내 안에 계시고 내가 그리스도 안에 있는 이 고백을 체험해야 합니다.

  '안에'라는 단어는 공간적인 의미가 아니라 살아 있는 인격적인 연합을 의미합니다. 이 연합이 가능하도록 하기 위해 예수님께서 십자가에서 죽으시고, 부활하시고, 승천하시고, 성령께서 오셔서 우리를 거듭나게 하신 것입니다. 우리 안에 그리스도와 같은 동일한 DNA, 그리스도와 같은 생명의 본질이 없으면 연합이 이루어질 수 없기 때문입니다. 우리의 옛 생명, 우리의 옛 사람으로는 이런 연합이 이루어질 수 없습니다. 그리스도 안에 있는 생명과 동일한 생명이 우리 안에 있어야 연합이 이루어지고 그리스도 안에 거할 수 있는 것입니다.

  따라서 우리의 노력과 열심은 크게 중요한 것이 아닙니다. 이것이 그리스도 안에 있는 것인가가 중요합니다. 교회를 통해 하나님과 올바른 관계를 맺지 못하는 오류에 빠지는 이유가 바로 여기에 있습니다. 내 안에 새 생명으로 그리스도와 올바른 관계 속에 있는가를 늘 살펴야 합니다. 신앙은 그리스도와의 관계 그 자체입니다. 내가 무엇인가를 열심히 한다 할지라도 그리스도 안에 거하는 것이 아니라면 다 불필요한 것일 뿐입니다.

  '나를 떠나서는 너희가 아무것도 할 수 없다'는 이 말씀은, 그리스도 안에서 이루어진 것이 아니면 하나님께서 인정하시지 않는다는 것입니다. 또 한편으로는, 하나님은 언제나 우리를 그리스도의 렌즈로 보신다는 것입니다. 우리의 옛 사람이 무엇인가를 열심히 해야 하나님께서 좋아하신다고 생각하는 건 하나님을 세상의 우상이나 신으로 만드는 것입니다.

하나님은 우리에게서 당신의 아들 예수 그리스도를 찾으십니다. 예수님은 말씀과 십자가의 사랑으로 우리가 그 안에 거할 수 있는 모든 일을 다 행해 주셨습니다. 그러므로 '내 안에 머물러 있으라'는 말씀대로 주님 안에 거하면 됩니다. 이것이 우리의 살길입니다. 그리스도께서 나의 주님 되심, 구세주 되심을 믿음으로 받아들이고, 고백하고, 그 안에 머물기만 하면 놀랍게도 성부 하나님의 나를 통한 선하신 역사와 그리스도께서 나를 위해 행하신 일들을 통해 내 안에는 열매가 맺히게 됩니다.

많은 열매를 맺으라

열매는 내가 무엇인가를 해야 하기 이전에 나를 통해 이루어지는 그 무엇입니다. 맺히는 것입니다. 우리가 예수님 안에 머문다고 할 때 예수님은 이런 말씀을 덧붙여 주셨습니다. "내 안에 머물러 있으라. 그러면 나도 너희 안에 머물러 있을 것이다"(요 15:4). 이 약속을 덧붙여 주시는 이유는 무엇입니까? 우리를 실제로 예수님 안에 머물도록 하시는 것은 나의 노력이 아니라 예수님이시라는 것입니다. 우리가 머문다는 것은 예수님께서 나를 붙드시도록 허용하고, 인정하고,

받아들이고, 믿음으로 의지하는 것입니다.

  참된 믿음은 내가 예수님을 붙잡는 게 아니라 예수님께서 나를 붙잡아 주시는 것입니다. 우리가 해야 할 일은 하나님의 가지치기를 거부하지 않고 그 안에 머무는 것입니다. 아무리 힘들고 어렵고 고통스러울지라도 땅에 파묻혀 쓸모없는 가지들을 하나님께서 들어 올리고 쳐 내실 때 이를 감사함으로 받아들여야 합니다. 그래야 주님 안에 온전히 머물 수 있도록 역사하십니다.

> "만일 너희가 내 안에 있고 내 말이 너희 안에 있으면 너희가 원하는 것이 무엇이든지 구하라. 그러면 그대로 이루어질 것이다"(요 15:7).

  '너희가 내 안에 있고 내 말이 너희 안에 있는' 사람의 소원은 무엇일까요? 아마도 육에 속한 것은 아닐 것입니다. 하나님 나라와 그분의 의로움에 합당한 소원일 것입니다. 주님은 그러한 소원이라면 '무엇이든지 구하라. 그러면 그대로 이루어질 것이다'라고 말씀하십니다. 하나님은 우리의 육신에 속한 소원을 원하는 대로 들어주시는 분이 아니십니다. 이는 자녀의 육신에 속한 소원을 다 들어주는 부모가 없는 것과 같습니다.

  우리가 그리스도 안에 거하고 그리스도의 말씀이 우리 안에 있으면 우리의 소원은 어느새 바뀌게 됩니다. 예전에 원하던 것이 이제는 싫어지게 되고, 관심이 없어지게 되는 것입니다. 이것이 우리에게 일어나는 가장 큰 변화입니다. 주님 안에 거함으로 우리의 소원이 바뀌고, 그 바뀐 소원으로 주님 앞에 구할 때 놀라운 기도의 응답이 이루어지는 것입니다.

하나님께서 기뻐하시는 뜻을 구하면 그것이 불가능하고 안 될 것 같아 보여도 하나님은 반드시 이루십니다. 누군가의 영혼 구원을 위해서 기도해 보십시오. 내 능력으로는 안 될 것 같지만 그것을 원하는 자에게는 반드시 구하는 대로 이루어질 것입니다. 그리스도께서 내 안에, 내가 주님 안에 거함으로 우리의 생각이 바뀌고, 소원이 바뀌고, 그것으로 우리를 통해 역사하시는 열매가 바뀌게 되는 것입니다.

생명은 가지가 아닌 포도나무에 있습니다. 포도나무에 붙어 있을 때 비로소 가지에 열매가 맺히는 것입니다. 그리스도는 우리의 생명이십니다. 생명 되신 그리스도께 온전히 붙어 있어 그분으로부터 흘러나오는 생명의 역사로 우리에게 열매가 맺히는 역사가 일어나야 합니다. 이는 너무나도 자연스러운 일입니다.

가지가 나무에 붙어 있지 않으면 열매를 맺을 수 없다는 단순한 말씀 속에 우리 믿음의 가장 중요한 비밀이 담겨 있습니다. 그리스도 안에 거하십시오. 그러면 열매는 저절로 맺힙니다. 열매는 갖다 붙이는 게 아니라 자연스럽게 안에서 밖으로 흘러나오는 것이기 때문입니다.

†

가지의 정체성은 나무에 붙어 있는 것입니다.
나무와 가지가 붙어 있는 것만큼 긴밀한 연합은 없습니다.
같은 DNA를 가진 나무로부터 가지가 파생된 것처럼,
우리가 그리스도 안에 있다는 것은
무언가 새로운 것을 하는 게 아니라
우리가 원래 있어야 할 위치에 있는 것입니다.

12
그리스도 안에서
함께 성전으로 지어집니다

"여러분은 사도들과 예언자들의 기초 위에 세워진 사람들이요, 그리스도 예수께서 친히 모퉁잇돌이 되셨습니다. 그리스도 안에서 건물 전체가 서로 연결돼 주 안에서 함께 자라 거룩한 성전이 됩니다. 여러분도 성령 안에서 하나님께서 거하실 처소가 되기 위해 그리스도 안에서 함께 세워져 가고 있습니다"(엡 2:20-22).

우리에게는 영원함이 있습니다. 이것은 그리스도를 통해서, 그리스도와 함께 우리에게 주어지는 것입니다. '그리스도 안에'라는 것은 우리 앞에 주어진 축복들 가운데 머물라는 것입니다. 전치사가 바뀐다고 해서 새로운 내용이 되는 것은 아닙니다. 동일한 본질의 생명, 동일한 구원, 동일한 은혜를 다른 각도에서 보아 그 풍성함을 맛보는 것입니다. 빛이 프리즘으로 투사되면 일곱 가지 색이 나타나는 것처럼, 하나님께서 우리에게 주신 은혜를 다양한 각도에서 그리스도를 중심으로 경험하는 신앙의 풍성함을 맛보아야 합니다.

중요한 것은 우리가 그리스도 안에서 자라 가야 한다는 것입니다. 우리의 몸은 후패하나 우리의 속사람은 날마다 새로워져 성령 안에서 강건하게 되어야 합니다. 그리스도 안에 있는 생명의 삶, 이것이 믿음의 본질입니다.

그리스도 안에 거하라

교회의 문제는 어떤 제도나 비전에 있는 것이 아닙니다. 비전이 없어서 교회가 무너지는 게 아니라는 것입니다. 엄밀한 의미에서 교회에는 비전이 필요 없습니다. 교회의 비전은 그리스도이시기 때문입니다. 그분을 통해 우리에게 주어진 은혜, 그분과 함께 살아가는 그 은혜 안에서 주어지는 이 영원한 생명을 누리고 작은 예수로 이 땅을 살아가는 것이 교회의 유일한 비전입니다. 교회가 어떤 사역을 하든, 그것은 우리가 그리스도 안에 있기 때문에 나타나는 열매일 뿐입니다.

우리는 그리스도 안에 있는 사람들입니다. 이것이 우리의 정체성입니다. 우리의 믿음 중심에는 살아 계신 그리스도께서 임재하고 계신 것입니다. 세상의 모든 기술은 시간과 경험과 학습이 축적되면서 전문성을 가지게 됩니다. 그것이 의학이면 의학, 공학이면 공학, 또 어떤 기술이면 기술 등 오랜시간에 걸쳐 쌓아 왔다면 그는 그 분야에 있어 전문가입니다. 다른 사람이 할 수 없는 전문적인 지식으로 축적되어 있기 때문입니다.

그런데 놀랍게도 믿음은 전문적인 지식으로 축적되지 않습니다. 어제까지 믿음 안에 살았다 할지라도 오늘 내가 그리스도 안에 거하지 않으면 아무것도 아닌 것입니다. 다윗이나 사울 등 성경에 나오는 모든 하나님의 사람들의 실수를 보면 내가 과거에 얼마나 믿음 생활을 잘했냐 하는 것으로 하나님 앞에 나아갈 수 없음을 깨닫게 됩니다. 오늘이라는 이 시간 속에 내가 그리스도 안에 온전히 거하고 있는가가 중요한 것입니다.

믿음은 기술이 아닙니다. 우리는 그리스도인이라는 전문적 기술자가 되면 안 됩니다. 목회자들이 가장 착각하기 쉬운 것이, 설교를 자주 하다 보면 자신의 믿음이 좋은 줄 안다는 것입니다. 그러나 설교를 잘한다고 믿음이 꼭 좋은 것은 아닙니다. 설교가 하나의 기술이 될 수 있음을 늘 명심해야 합니다. 그 무서운 차이를 깨달아야 우리는 겸손에 이르게 됩니다.

우리의 유일한 비전은 그리스도 안에 거하는 것입니다. 우리가 그리스도 안에 거하면 하나님은 당신께서 계획하신 일을 우리를 통해서 행하십니다. 교회의 비전 또한 마찬가지입니다. 앞서 말한 대로, 교회의 가장 중요한 비전은 모든 성도들이 그리스도 안에 거함으로 작은 예수가 되는 것입니다. 이 본질을 잃어버려서는 안 됩니다.

우리 가운데 임재하시는 하나님

하나님은 우리 가운데 임재하기 위해서 내려오셨습니다. 성경을 보면, 창세기에 나타난 하나님은 하늘에 계시는 하나님이십니다. 우리에게 보이지 않는, 하늘에서 말씀하는 분이십니다. 하나님께서 계신 처소가 어디인지는 나타나지 않고 하나님의 말씀만 나타납니다. 그런데 출애굽기로 넘어오면서 하나님은 모세를 부르실 때 시내 산으로 올라오라고 말씀하십니다. 마치 하나님께서 그 산에 머물러 계시는 것처럼 시내 산으로 올라오라고 하십니다. 하지만 하나님 입장에서 보면 하나님께서 시내 산으로 내려오신 것입니다.

하나님은 시내 산에서 모세에게 두 가지를 주셨습니다. 하나는 율법이고, 또 다른 하나는 성막에 관한 청사진입니다. 하나님은 백성 가운데 거하시기 위해 그들이 사는 동일한 땅 위에 회막, 쉽게 말해 하나님께서 만나시는 텐트를 구별된 장소에 만들 것을 명하셨습니다. 이는 백성 가운데 하나님께서 거하시는 모습으로 내려오신 것입니다.

레위기에 들어서는 모세에게 약속하신 대로 하나님께서 회막으로 내려오십니다. 요한복음에 보면 "그 말씀이 육신이 돼 우리 가운데 계셨기에"(요 1:14)라고 말씀하는데, 여기서 '계셨다'는 단어는 '텐트를 친다'는 것을 의미합니다. 우리와 함께하시는 정도가 아니라 말씀이 육신이 되신 예수님께서 우리 가운데 거하신다는 것입니다.

육신이신 예수님께는 한계가 있었습니다. 육신의 몸을 입으셨기에 우리와 함께하실 수는 있어도 우리 속에 거하실 수는 없었던 것입니다. 그런데 하나님의 사역은 거기에서 끝나지 않았습니다. 그리스도의 십자가 보혈과 그분의 다시 살아나심으로 우리에게 새로운 생명을 주시고, 그리스도 안에 있는 새 생명의 변화를 통해서 성령께서 오심으로 이제는 우리 속에 거하시는 놀라운 역사가 일어나게 된 것입니다.

구약 시대의 성전은 하나님께서 우리 가운데 임재하심을 보여 주기 위한 비유요, 모형입니다. 먼저 보여 주신 사례일 뿐입니다. 구약의 성전은 크게 세 단계로 나누어집니다. 첫째는 바깥뜰로서, 이곳에서 백성들은 여러 예식을 행합니다. 둘째는 성소로서, 이곳은 제사장들이 들어가는 영역입니다. 그리고 셋째는 지성소로서, 이곳은 휘장으로 가리어져 있어 1년에 한 차례, 대제사장만 들어갈 수 있는 영역입니다.

그런데 그리스도께서 십자가에서 죽임을 당하실 때 성전에 놀라운 일이 일어났습니다. 휘장이 위에서부터 아래로 찢어진 것입니다. 이로 인해 모두가 지성소 안으로 들어갈 수 있게 되었습니다. 이것은 어떤 물건이 찢어진 것 이상의 사건입니다. 영적인 세계가 열렸다는 것입니다. 이는 대제사장 되신 그리스도 안에서 모두가 지성소로 들어갈 수 있게 되었다는 것입니다.

그런데 이것을 역으로도 설명할 수 있습니다. 휘장이 찢어짐으로 우리가 하나님 앞에 나아갈 수 있게 된 것도 사실이지만, 휘장이 찢어짐으로 하나님의 생명이 우리 가운데 온전히 임하실 수 있게 된 것입니다. 휘장을 찢으시고 우리 가운데 온전히 거하시는 하나님의 역사, 새 생명의 역사가 우리 안에서 시작된 것입니다.

우리 영혼의 지성소와 같은 곳에 하나님께서 온전히 임하시면, 성령님께서 임재하시면 우리는 자신의 내면 깊은 곳을 볼 수 있게 됩니다. 우리가 스스로를 다 아는 것 같지만 사실은 잘 모릅니다. 세상에서 가장 알 수 없는 게 자기 자신입니다. 그런데 놀랍게도 그리스도의 생명이 들어오면 내가 누구인지를 알게 됩니다. 내 영혼이 얼마나 더러운지를 알게 되는 것입니다. 세상의 죄로 가로막혔던 영혼의 휘장이 십자가로 인해 찢어지는 순간 내 영혼이 죽어 있음을 알게 되는 것입니다.

우리 영혼 안에 새로운 생명이 태어남으로 인해 이제는 하나님의 음성이 들리게 되는 것입니다. 얼마나 놀라운 사건입니까? 하나님께서 우리를 당신의 처소로 삼으신다는 것을 설명하기 위해 성막과 성전에 관한 비유들이 필요했던 것입니다. 그리고 에베소서에서는 우리가 "그리스도 안에서 함께 세워져 가고 있습니다"(엡 2:22)라고 말씀합니다. 하나님은 보이는 건물이나 장소가 아니라 우리 안에 거하십니다. 이것이 하나님께서 임재하시는 목적입니다.

하나님의 성전으로 지어져 가는 삶

참된 교회는 하나님의 성전 된 우리, 곧 나입니다. 예수님은 우리가 하나님의 성전이라고 말씀하셨습니다. 사도 바울 또한 "여러분은 자신이 하나님의 성전인 것과 하나님의 성령께서 여러분 안에 계시는 것을 알지 못합니까?"(고전 3:16)라고 말했습니다. 그럼에도 불구하고 여전히 어떤 건물이나 장소를 성전이라 한다면 그건 이 말씀들을 무력화시키는 것입니다. 영과 진리로 예배하는 우리가 성전인 것을 기억해야 합니다.

> "여러분은 사도들과 예언자들의 기초 위에 세워진 사람들이요, 그리스도 예수께서 친히 모퉁잇돌이 되셨습니다. 그리스도 안에서 건물 전체가 서로 연결돼 주 안에서 함께 자라 거룩한 성전이 됩니다. 여러분도 성령 안에서 하나님께서 거하실 처소가 되기 위해 그리스도 안에서 함께 세워져 가고 있습니다"
> (엡 2:20-22).

이 말씀에서 우리는 '함께'라는 단어에 집중해야 합니다. 나만 하나님께서 거하실 처소요, 하나님의 성전이 아니라는 것입니다. 예수님께서 모퉁잇돌이 되셔서 우리가 살아 있는 돌로서 연결되어 함께 하나님의 성전이 되어 간다는 것입니다. 이는 생명이 없는 존재를 살아 있다고 표현한 참 신비한 비유입니다.

"여러분 자신도 산 돌들처럼 신령한 집으로 세워지십시오. 그래서 예수 그리스도로 인해 하나님께서 기쁘게 받으실 만한 제사를 드리는 거룩한 제사장이 되십시오"(벧전 2:5).

우리 모두는 신령한 집으로 함께 지어져 가고 있습니다. 교회 건물이 얼마나 화려하고 편안하고 좋으냐가 아니라, 얼마나 우리가 거룩한 집으로 함께 지어져 가고 있느냐가 중요한 것입니다. 이 거룩한 집의 특징은 무엇입니까? 에베소서 2장 14-16절은 이렇게 말씀합니다.

"그리스도는 우리의 화평이시니 자기의 육체로 둘을 하나로 만드신 분이십니다. 그분은 중간에 막힌 담, 곧 원수된 것을 헐어 내셨고 조문으로 된 계명의 율법을 폐하셨습니다. 이는 그리스도가 그분 안에서 이 둘로 한 새사람을 창조해 화평을 이루게 하시고 십자가를 통해 이 둘을 한 몸으로 하나님과 화목하게 하셔서 자기 안에서 원수된 것을 없애 버리시기 위한 것입니다."

무슨 말씀입니까? 하나님과 우리 사이에 원수 되었던 것을 십자가로 헐어 내시고 하나님과 우리 사이에 화평을 이루었을 뿐만 아니라, 유대인과 이방인, 서로 다른 이가 하나님께서 거하시는 처소가 될 때 그 속에 화평이 있다는 것입니다. 우리가 거룩한 성전인지 아닌지를 평가할 수 있는 기준은 우리 안에 화평이 있느냐 없느냐입니다. 하나님 안에서 거룩과 화평은 하나입니다. 둘이 한 사람을 이루는 것입니다. 문화와 언어 그리고 민족이 다르다 할지라도 우리가 영과 진리로 예배하는 하나님의 처소가 될 때 놀랍게도 십자가를 통해 새 사람을 이루는 것입니다.

우리는 그리스도 안에서 거룩함과 화평함을 이루어 가는 하나님의 처소로 지어져 가고 있습니다. 중요한 것은 완성된 성전이 아니라 아직도 공사 중이라는 것입니다. 하나님의 성전은 우리를 통해 지금도 지어져 가고 있습니다. 그렇기에 서로 부족한 부분이 눈에 띈다면 정죄할 것이 아니라 함께 지어져 가는 과정 중에 있음을 기억해야 합니다. 이는 그리스도 안에서만 이루어지는 축복입니다. 이것을 날마다 확신하고 그 가운데 거하며 살아가십시오.

†

참된 교회는 하나님의 성전 된 우리,
곧 나입니다. 예수님은 우리가
하나님의 성전이라고 말씀하셨습니다.
사도 바울 또한 "여러분은 자신이
하나님의 성전인 것과 하나님의 성령께서
여러분 안에 계시는 것을 알지 못합니까?"
라고 말했습니다.

4부 /

그리스도 아래서
Under Christ

우리 삶에 어떠한 고통이 다가올지라도
그리스도의 멍에를 메는 순간
우리는 참된 쉼을 누리게 될 것입니다.
그리스도 아래 사는 삶은 참된 행복이요,
기쁨입니다.

13
자기를 부인하고
그리스도를 따르십시오

"그때에 예수께서 제자들에게 말씀하셨습니다. '누구든지 나를 따르려거든 자기를 부인하고 자기 십자가를 지고 따라야 한다'"(마 16:24).

복음의 위대한 진리는 언제나 하나님께서 우리를 위해 이루신 일에 기초합니다. 우리가 무엇인가를 행하는 것에서 시작하는 것이 결코 아닙니다. 하나님은 우리가 행할 수 없는 것을 요구하시는 분이 아닙니다. 우리에게 무엇인가를 명령하실 때는 그 명령을 이룰 수 있는 능력을 허락하십니다. 하나님을 향한 믿음조차도 당신의 능력으로 우리에게 심어 주시는 것입니다.

예수님은 우리의 구세주이시며 우리의 주님이십니다. 구세주 되신 그리스도께서 우리의 주님이 되시기에 우리는 삶 속에서 그리스도의 주 되심을 체험해야 합니다. 그것은 그리스도의 권위 아래 사는 삶, 곧 주님의 주 되심을 인정하고 고백하는 삶입니다. 또한 우리 삶의 목적과 비전과 소원을 내가 아닌 그리스도께 두는 삶입니다. 그래서 주님의 뜻에 순종하고 그리스도를 위해 혹은 그리스도를 향해 살아가는 삶이어야 합니다.

하나님은 우리가 당신의 아들인 그리스도를 닮기 원하십니다. 이는 우리가 성취하는 것이 아니라, 하나님께서 그리스도를 통해 이루신 모든 일들이 우리를 그렇게 빚어 가는 것입니다. 우리가 할 수 있는 것은 없습니다. 우리는 그저 따라갈 뿐입니다.

자기 부인으로 이어지는 순종

우리는 율법적인 신앙이 되지 않도록 잘 분별해야 합니다. 우리는 말씀을 두려워서 혹은 무엇인가를 받으려고 지키는 것이 아니라 사랑으로 인한 순종으로 지켜야 합니다. 우리 마음에 그리스도의 십자가를 통한 하나님의 사랑이 부어졌기에 그 사랑으로 순종하는 것입니다. 사랑하면 순종할 수밖에 없습니다.

순종은 하나님의 열매입니다. 우리가 그리스도 안에 머무를 때 그리스도께서 우리 안에서 이루신 일의 가장 즉각적인 표현이 순종입니다. 우리를 위해 행하신 그 일로 인해 그리스도 앞에 믿음의 순종으로 나아갈 수밖에 없는 것입니다.

이스라엘 백성이 광야를 지날 때 불뱀에 물려 죽어 가고 있었습니다. 모세가 죽어 가는 백성을 위해 하나님 앞에 나아가 살려 달라고 간구했을 때 하나님은 살 수 있는 처방책을 내려 주셨습니다. 긴 장대에 놋으로 만든 뱀을 매달아 세웠을 때 그것을 쳐다보는 자는 살 것이라는 처방이었습니다. 모세는 하나님의 말씀대로 긴 장대에 놋뱀을 만들어 달아 세우고는 사람들에게 외치고 다녔습니다. "이것을 쳐다보면 살 것이다."

믿음은 사람들이 만들어 내는 것이 아닙니다. 믿음은 바라보는 것입니다. 우리에게 들려온 구원의 약속에 믿음으로 응답하는 것조차도 우리 안에서 일어나는 일이 아닙니다. 순종도 마찬가지입니다. 우리 안에 부어진 하나님의 사랑을 통해 순종의 역사가 나타나는 것입니다.

예수님은 "누구든지 나를 따르려거든 자기를 부인하고 자기 십자가를 지고 따라야 한다"(마 16:24)고 말씀하셨습니다. 사도 바울에 앞서 그리스도 안에서 사는 삶이 무엇인지를 알려 주신 것입니다. 그리스도와 함께, 그리스도 안에서 살아가는 삶이란 그리스도의 권위 아래 살아가는 삶이라는 것입니다.

세상은 우리의 자아에 대해 많은 메시지를 던져 주고 있습니다. 대표적으로 그리스 철학에서는 "너 자신을 알라", 심리학에서는 "자신을 수용하고 충족시키라"고 말합니다. 교육학에서는 "자신을 계발하고 점점 확장시키고 발전시키라", 쾌락주의는 "너 자신을 즐기라", 금욕주의는 "너 자신을 억제하고 통제하라", 인본주의는 "너 자신을 신뢰하라"고 말합니다. 한마디로, 하고 싶은 대로 하라는 것입니다.

그런데 예수님은 이렇게 말씀하셨습니다. "너 자신을 부인하라." 우리의 옛 사람은 죽음으로 끝내지 않고는 해결책이 없다는 것입니다. 옛 사람인 아담 안에 있는 우리의 옛 자아는 사형을 집행하는 것 외에는 다른 길이 없다는 것입니다. 소망이 없다는 것입니다. 세상의 교육, 문화, 사상들은 아담 안에서 태어난 옛 자아를 발전시키고 점점 강화하는 것에 초점이 있습니다. 그러나 예수님은 거기에 사형 선고를 내리십니다.

"자기 목숨을 구하려는 사람은 잃을 것이요 누구든지 나를 위해 목숨을 잃는 사람은 얻게 될 것이다"(마 16:25).

이 말씀은 단지 전쟁에서 용기 있게 하려고 하신 말씀이 아닙니다. 실제적으로 우리 안에서 일어나는 영적인 법칙을 설명하신 것입니다. 그래서 어거스틴은 이런 유명한 기도를 했습니다. "주여, 나로 죽지 않도록 죽게 하소서." 우리가 피해야 할 죽음이 있고 추구해야 할 죽음이 있습니다. 이 중 피해야 할 죽음은 무엇입니까? 영원히 하나님과 단절된 죽음입니다. 그것을 피하기 위해 우리의 옛 자아는 죽어야 하는 것입니다.

자기를 부인한다는 것은 무엇입니까? 그것은 그리스도와 함께 나의 옛 사람이 죽었음을 인정하고 내 안에 그리스도 안에서 주어진 새 생명이 있음을 믿고 받아들여 하나님께 대해 산 자로 여기며 살아가는 것입니다. 그런데 이것이 율법적으로 되지 않도록 주의해야 합니다. '나 자신을 어떻게 죽일까?' 생각하는 순간 율법적으로 되는 것입니다. 내가 무엇인가 하려고 하는 시도 자체가 율법적인 것입니다.

사람들은 자기를 부인하는 것이 자신 안에 있는 욕망을 제거하는 것이라고 생각합니다. 그런데 문제는 그 욕망을 어떻게 제거하느냐입니다. 욕망을 제거하려는 그 욕망은 또 어떻게 해결해야 하는가입니다. 이는 결코 우리의 노력으로는 해결되지 않는 문제입니다. 이에 대해 예수님은 '우리의 옛 사람이 그리스도의 십자가와 함께 죽을 때 우리 안에 새로운 욕망이 태어난다'고 말씀하십니다. 욕망이 사라지는 것이 아니라 옛 욕망은 죽고 새로운 갈망이 일어남으로 생명 안에 속한 갈망과 소욕으로 성령을 따라 살아가는 것입니다.

인간은 갈망하는 존재입니다. 무엇을 갈망하느냐가 중요하지 갈망

자체는 문제가 아닙니다. 이는 핵심을 잘못 짚은 것입니다. 이것이 인간 철학의 한계입니다. 그러나 예수님은 '내가 십자가에서 죽은 것은 너희 안에 있는 희망이 없는 옛 사람을 죽이기 위함이다. 그리고 새로운 생명의 자아로 살아가게 하기 위함이다'라고 말씀하십니다.

자기를 부인하고 그리스도를 따르라

우리는 우리 안에 있는 자아, 곧 나 자신을 하나님의 관점, 성경의 관점 그리고 예수님의 관점에서 받아들여야 합니다. 자기를 부인하기 위해서는 올바른 자기 인식이 있어야 하기 때문입니다. 이 '자아'는 하나님께서 인간을 인간답게 창조하신, 하나님의 형상대로 창조하신 것의 핵심입니다.

하나님께서 인간을 당신의 형상대로 창조하셨다는 것은 자유의지를 가진 존재로 창조하셨다는 것입니다. 동물들에게도 자유의지가 있는 것처럼 보이지만 사실은 본능입니다. 가장 완전한 자유의지가 나타나는 것은 인간뿐입니다. 그래서 세상을 통치하고 다스릴 수 있는 것입니다.

하나님께서 인간을 자유의지를 가진 존재로 창조하신 이유는, 그 자유의지를 통해서 자신을 비우고 창조주 되신 하나님께 영광을 올려 드리도록, 스스로의 선택으로 하나님 앞에 나아가고 하나님의 통로가 되도록 하시기 위함이었습니다. 그것을 통해 하나님 나라가 나타나도록 계획하신 것입니다. 그런데 자유의지를 가진 인간은 매우 위험한 존재였습니다. 인간은 그것을 자기 의로, 자기 과신으로 그리고 자기를 찬양하고 자기를 높이는 것으로 바꾸었습니다. 자유의지를 가진 존재가 하나님께 자신의 자유의지로 대항한 것입니다.

하나님은 왜 인간에게 자유의지를 허락하신 것일까요? 인간의 사고로는 하나님의 높고 크신 뜻을 다 이해할 수 없습니다. 하나님은 그 모든 반역과 죄를 뛰어넘어 역사하실 수 있는 전능하고 선한 하나님이십니다. 타락 이전 아담의 상태보다 구속받은 둘째 아담 안에서 우리가 누리게 되는 구속의 은혜가 더욱더 넘치게 되었으므로 하나님께서는 실패하신 게 아닙니다. 인간의 반역과 죄는 모두 하나님의 계획 가운데 있었던 것입니다.

십자가에서 그리스도와 함께 죽은 자로 자기를 부인하는 것만이 우리의 유일한 살길입니다. 이 자기 부인이 없으면 그리스도 앞에 나아갈 수 없습니다. 사도 바울은 자기가 얼마나 절망적인 존재인지를 깨달아 "나는 내 안, 곧 내 육신 속에 선한 것이 거하지 않는 줄을 압니다. 원함은 내게 있으나 선을 행하는 것은 없습니다"(롬 7:18)라고 고백했습니다. 자아라는 이 괴물이 얼마나 무서운지를 철저하게 깨달은 것입니다.

옛 사람에 속한 자기에게는 희망이 없습니다. 자기를 부인하라는 것은 자기를 학대하고 괴롭히라는 게 아니라, 하나님께서 그리스도 안에서 이루어 놓으신 일에 동의하고 믿음으로 순종하라는 것입니다. 그리스도와 함께 나의 옛 사람이 죽었기에, 하나님께서 나의 옛 사람을 죽은 자로 여기시기에, 나의 옛 사람이 십자가에 못 박힘을 인정하고 믿음으로 나아갈 때 내 안에 새로운 새 생명의 자아가 탄생한다는 것입니다. 잃음으로써 얻게 되는 것입니다.

  그리스도 안에 있다는 것은 철저하게 자기를 부인하는 것이고, 자기를 부인한다는 것은 자기 십자가를 진다는 것입니다. 이는 예수님의 십자가 외에 또 다른 십자가가 있다는 것이 아니라, 옛 자아를 처리하는 도구라는 뜻입니다. 그리스도께서 십자가를 지셨을 때 그리스도 안에 있는 자아는 사실 죄가 없으셨습니다. 하나님을 배역한 자아가 아니었습니다. 그분의 자아는 온전히 하나님 중심, 하나님께 영광을 올려 드리는 자아였습니다. 그럼에도 불구하고 자기를 부인하고 우리를 대신해서 십자가에서 죽으셨습니다. 하나님은 이런 그분을 지극히 높여 우리 모두의 주님이 되게 하셨습니다. 이 주님을 따를 때 우리는 그리스도께서 자신을 부인하셨듯이 우리의 옛 사람을 부인하게 되는 것입니다. 그래서 죄에 대해 죽은 자로, 세상에 대해 죽은 자로 그리고 이제는 하나님께 대해 산 자로 믿음으로 나아갈 때 놀라운 성령의 역사를 체험하게 되는 것입니다.

  자기를 부인한다는 것은 옛 자아가 솟구쳐서 자기가 영광 받고, 자기가 드러나고, 자기로 충만해지는 것을 십자가에 못 박는 것입니다. 나의 머리가 되시는 그리스도만 영광 받으시는 것입니다. 내가 무엇을 했느냐가 아니라 그리스도께서 나를 통해 역사하고 계신가가 중요합니다. 자기를 부인한 사람은 온전히 그리스도 중심의 삶을 사는 것입니다.

  그리스도를 따른다는 것은 무엇입니까? 나의 옛 사람은 완전히 잊고 그리스도 안에 있는 나만 바라보는 것입니다. 나의 의, 자기로 꽉 차 있는 나 자신을 십자가에 온전히 못 박고 내 안의 그리스도께서 원하시는 대로 살아가는 것입니다. 예수님은 늘 '아버지의 때'에 '아버지의 뜻대로' 행하셨습니다. 이것이 자기 부인입니다. 기억하십시오. 이것은 율법적인 행위로 가능한 게 아닙니다. 그리스도의 죽음 안에서 이미 일어난 일을 받아들이듯 믿음으로 옛 자아를 죽이는 것입니다. 하나님은 그리스도께서 우리를 대신해서 죽으셨을 때 우리 또한 그리스도와 함께 죽었다고 분명히 말씀하셨습니다. 우리는 이 말씀을 믿고, 그것에 동의하고, 옛 사람에 대해 선포하면 되는 것입니다. "나의 옛 사람은 죽었다. 이제는 그리스도 안에서 나는 새로운 피조물이다. 나는 하나님께 대해 산 자다."

그리스도를 사랑하는 마음으로 성령을 따라 행할 때 나타나는 자기 부인의 모습은 겸손입니다. 겸손은 겸손한 척하는 것이 아니라 자기가 죽는 것입니다. 우리의 의식 속에는 늘 거짓 겸손이 자리 잡고 있습니다. 그렇기에 어떤 모습이 겸손인지를 따지는 건 진짜 겸손이 아닙니다. 자기의 옛 사람의 죽음, 자아의 죽음이야말로 진정한 겸손입니다. 새 생명 가운데 살기에 자기 자신을 의식조차 하지 않는 것입니다.

17세기의 영향력 있던 목회자 사무엘 러더포드는 이런 고백을 했습니다. "그리스도의 십자가는 내가 져 본 짐 중에서 가장 달콤한 짐이다. 그것은 마치 새에 달린 날개와 같고 배에 달려 있는 돛과 같아서 나를 내 목적지에 이르게 한다." 무거운 새의 날개가 새로 하여금

날게 하고 거추장스러운 돛이 배를 나아가게 하는 것처럼, 그리스도의 십자가에 못 박힌 자로 살아갈 때 우리는 놀랍게도 진정한 자아를 발견하게 됩니다. 진짜 자기 인생을 찾는 것입니다. 우리의 개성과 존재가 사라지는 것이 아니라, 그리스도 안에서 진정 새롭게 태어난 생명의 자아로 나를 발견할 수 있게 되는 것입니다.

옛 자아는 끊임없이 우리를 공격합니다. 그러나 옛 자아에 대해서는 죽음을 선포하십시오. 그리스도의 십자가에 못 박힌 자로 그리스도의 십자가를 지고 있을 때만 옛 자아를 이길 수 있습니다. 무엇인가를 할 수 있다고 결심하는 것조차 내려놓으십시오. 그리고 십자가에 못 박힌 자임을 믿음으로 받아들이십시오. 그랬을 때 놀라운 성령의 능력이 우리 가운데 일어날 것입니다. 율법주의에 빠지지 않고 그리스도 안에 있는 생명의 복음의 능력으로만 승리할 때 오직 은혜로, 오직 믿음으로 그리스도를 따르는 자가 될 것입니다. 그리고 그리스도의 주재권 아래 온전히 살아가는 삶이 될 것입니다.

14
그리스도의 멍에를 메고 그리스도를 따르십시오

"수고하고 무거운 짐을 진 모든 사람은 다 내게로 오라. 내가 너희를 쉬게 할 것이다. 나는 마음이 온유하고 겸손하니 너희는 내 멍에를 메고 내게서 배우라. 그러면 너희 영혼이 쉼을 얻을 것이다. 내 멍에는 메기 쉽고 내 짐은 가볍다"(마 11:28-30).

인간이 만든 제도, 교육, 어떤 아이디어도 인간을 얽매고 있는 죄와 사망의 권세를 무너뜨릴 수 없습니다. 오직 하나님께서 그의 아들 안에서 우리에게 내려 주신 구원만이 우리를 온전히 자유하게 할 수 있습니다. 그것은 우리가 그리스도와 함께 십자가에 못 박히는 것, 이제는 우리가 그리스도 안에 한 몸이 되어서 하나님의 성전으로 지어져 가는 것입니다.

예수님은 우리의 구세주 되시며 또한 우리의 주님이 되십니다. 이 두 가지 단어를 결코 잊어서는 안 됩니다. 그리스도께서 우리의 구세주가 되셨기에 우리의 모든 것을 요구하시는 주님이 되시는 것입니다. 구약의 말씀에서도 '너희가 내가 여호와인 줄 알리라', '알게 되리라', '알 것이다'와 같은 단어들이 반복되어 나타납니다.

하나님은 구약의 역사를 통해서, 이스라엘 백성의 광야에서의 삶을 통해서 당신의 여호와 되심을 드러내셨습니다. 하나님께서 우리의 주님, 곧 우리의 구원자 되심을 드러내신 것입니다. 그리고 그리스도께서 하늘의 영광을 버리고 죽기까지 낮아지셨기에 그를 죽음에서 다시 살리시며 모든 사람으로 하여금 주님을 주라 고백하게 하셨습니다.

주님의 주 되심, 그리스도의 주재권 아래 살아가는 것은 그분께서 우리를 대신해서 죽으시고, 우리가 그리스도와 함께 죽게 하시고, 이제는 그리스도 안에, 이 부활의 영원한 생명 가운데 살아가게 하셨기에 그분을 주님으로 온전히 인정할 수 있게 되었고, 그렇게 살아야 하는 것입니다. 이것은 우리의 종교적인 노력이나 율법적인 행위가 아닙니다. 그리스도를 따르는 삶이라고 할 때 그리스도께서 우리를 위해 행하신 일에 기초하지 않고 그리스도를 따르는 어떤 행위나 기준을 만들면 또 하나의 이상한 종교가 돼 버리는 것입니다.

그리스도를 따른다는 것은 우리의 행위로 구원을 이루는 것도 아니고, 우리의 어떤 공로로 인해서 무엇인가를 성취하는 것도 아닙니다. 이것은 그리스도 안에 있는 그리스도인의 열매요, 자연적 표현인 것입니다. 그리스도를 따라야 한다고 하기 전에 따를 수밖에 없는 것입니다. 성령께서 내 안에 그리스도의 영으로 충만하게 임재하시기에 나의 삶은 그리스도의 주재권 아래, 그분의 통치하심 아래 살아갈 수밖에 없는 것입니다.

그리스도의 멍에를 메라

"수고하고 무거운 짐을 진 모든 사람은 다 내게로 오라. 내가 너희를 쉬게 할 것이다 … 내 멍에를 메고 내게서 배우라. 그러면 너희 영혼이 쉼을 얻을 것이다"(마 11:28-29).

그리스도의 주재권 아래 산다는 건 쉼을 얻는 것입니다. 이 삶은 우리를 고통스럽게 하는 어떤 율법적이고 종교적인 삶을 요구하지 않습니다. 그러나 예수님을 믿겠다고 하는 순간 인생의 모든 짐들이 하루아침에 사라지는 것은 아닙니다.

앞의 말씀의 핵심은 '내 멍에를 메고'입니다. 이 멍에라는 단어 속에는 예수님께서 주신 여러 가지 메시지가 담겨 있습니다. 멍에란 원치 않는 일을 억지로 해야 하는, 우리를 고통스럽게 하는 의미로 연상됩니다. 물론 멍에에는 우리를 구속하고 얽매이게 하는 의미가 분명히 담겨 있습니다. 그러나 무엇에 얽매이는가, 무엇에 구속되고 무엇에 붙잡혀 있는가가 우리를 고통스럽게 할 수도 있고, 우리를 정말 새롭게 하고 변화시킬 수도 있습니다.

그리스도 안에서 그리스도께 온전히 매여 있는 멍에는 우리에게 쉼을 줍니다. 그리고 그 멍에는 어려운 것이 아닙니다. 주님은 분명히 말씀하셨습니다. '자기를 부인하고 그리스도를 따르는 길'의 또 다른 표현이 사실은 그리스도의 멍에를 지는 것입니다. 이는 같은 맥락의 말씀을 다르게 표현하신 것이라고 말할 수 있습니다.

온전한 항복

그렇다면 그리스도의 멍에는 무엇을 의미합니까? 첫째는, 온전한 항복입니다. 당시 로마인들은 반항적인 종족을 정복했을 때 그들을 멍에 아래로 지나가게 하는 풍습이 있었다고 합니다. 그래서 '정복당한 자는 그 승리자의 멍에 아래 있다'는 표현이 사용되었다고 합니다.

무슨 말입니까? '그리스도께서 나를 온전히 정복하신 승리자가 되셨다, 나는 그분께 온전히 항복했다, 나는 그분께 나의 모든 권한과 주재권을 온전히 내어 드렸다, 그분이 나의 온전한 지배자요, 승리자시다'라는 것입니다. 믿음을 여러 단어로 표현할 수 있지만, 믿음의 절정은 온전한 항복입니다. 하나님 앞에 완전히 항복하는 것입니다.

야곱의 생애를 보십시오. 그는 '발꿈치를 잡은 자'라는 이름의 의미대로 태어나는 순간부터 언제나 승리자가 되기를 원했습니다. 형과의 경쟁에서 승리하기를 원했고, 아버지를 속이고 장자의 축복을 가로챘으며, 외삼촌 라반의 집에서 고생을 하면서도 자기가 원하는 것을 다 얻고야 말았습니다. 그는 승리자가 된 것처럼 보였습니다. 그런데 하나님께서 얍복 강 나루터에서 그의 엉덩이뼈를 위골시키셨습니다. 하나님은 왜 다른 데가 아닌 엉덩이뼈를 치셨을까요? 엉덩이뼈가 위골되는 순간 그는 더 이상 도망칠 수 없는 자가 되었습니다. 그래서 야곱은 하나님께 매달렸습니다.

엉덩이뼈가 위골돼서 매달리는 사람이 승리자입니까, 패배자입니까? 패배자입니다. 그런데 하나님은 그의 이름 야곱을 이스라엘이라 바꿔 주셨습니다. 이스라엘은 '네가 하나님과 겨루어 이겼다'라는 뜻입니다. 하나님은 왜 패배한 야곱에게 이긴 자라는 뜻을 가진 이스라엘이라는 이름을 붙여 주셨을까요? 야곱의 엉덩이뼈가 위골되는 순간 그는 하나님 앞에 온전히 항복한 자가 되었기 때문입니다. 자기 자신을 의지했던 인생에서 하나님 앞에 자신을 온전히 내려놓는 항복을 경험하게 된 것입니다.

우리의 영적 승리는 무엇입니까? 나 자신이 살아서 스스로 승리자가 되려 할 때 우리는 세상에서 패배자가 될 수밖에 없습니다. 그러나 '천부여 의지 없어서 손들고 옵니다' 하며 나아갈 때 승리자가 됩니다. 그리스도 안에서 하나님 앞에 온전히 항복하게 되는 그리스도의 멍에 아래로 지나갈 때 야곱이 이스라엘이 되었던 것과 같은 영적 승리를 경험하게 되는 것입니다.

그리스도는 이 세상에 정복자로 오셨습니다. C. S. 루이스는 《순전한 기독교》(홍성사 역간)에서 그리스도를 이렇게 표현합니다. "반역자들의 세상, 원래 왕의 통치 아래 있어야 될 그런 영역에 반역자들의 무리를 정복하기 위해서, 그 왕의 통치를 다시 회복하기 위해서 오신 사령관이시다." 천국은 하나님께서 이 세상을 침노하시는 것입니다. 이때 그리스도는 영적 전쟁 가운데 세상에 속한 반역의 무리를 공격하시고, 자신의 세계를 주장하려는 사탄과 그 아래 종속되어 있는 모든 무리들을 그리스도의 십자가를 통해서 회복시키시며, 하나님의 나라를 회복시키는 하나님의 침공을 위해 오신 사령관이신 것입니다. 그리스도께서 십자가와 부활을 통해 주와 그리스도가 되셨으므로 우리는 그분의 멍에 아래 완전한 항복자가 되어야 합니다. 우리는 그분의 포로가 되어야 하는 것입니다.

그리스도께 매인, 그리스도께 완전히 항복한 자가 될 때 우리는 놀랍게도 쉼을 얻게 됩니다. 우리 위에서 통치자로 군림했던 죄와 사망, 사탄의 권세 아래 있었기에 우리 마음에 쉼이 없었던 것입니다. 당신의 생명으로, 사랑으로, 공의로 통치하시는 그리스도께서 우리의 통치자가 되실 때 우리는 다윗에게 약속하신 영원히 견고한 나라 가운데서 주님께서 주시는 평강을 누릴 수 있는 것입니다. 온전한 항복, 이것이 그리스도의 멍에라는 단어 속에 감추어진 의미입니다.

온전한 수고

둘째는, 온전한 수고입니다. 예수님은 "수고하고 무거운 짐을 진 모든 사람은 다 내게로 오라" 하시고는 "나의 멍에를 메라"고 말씀하셨습니다. 여기서 멍에는 또 다른 수고, 또 하나의 짐으로 생각되기 쉽습니다. 그런데 예수님은 "내 멍에는 메기 쉽고 내 짐은 가볍다" 말씀하셨습니다. 이는 짐을 벗겨 주시는 것이 아니라, 무거운 짐을 가벼운 짐으로 바꿔 주시며 그 짐이 쉽이 되게 하시는 것입니다.

수고 자체가 문제가 아닙니다. 하나님은 우리를 수고하도록 창조하셨습니다. 하나님은 우리를 세상 만물의 통치자로 창조하시어 만물을 정복하고 다스리게 하셨습니다. 천국은 일이 없는 세상이 아닙니다. 일을 하지만 그 일이 고통이 아니라 기쁨과 축복이 되는 곳입니다. 우리의 수고가 짐이 된 것은 죄 때문입니다. 죄 때문에 아픔과 고통이 되는 것입니다.

신약성경에 보면 "사랑의 수고"(살전 1:3)라는 표현이 나옵니다. 그리스도 안에서 사랑하기 때문에 하는 수고는 절대 짐이 아닙니다. 자녀를 위하는 부모의 수고를 생각해 보십시오. 몸은 힘들어도 마음에는 쉽이 있습니다. 이처럼 사랑에서 나오는 수고는 자신이 마땅히 행해야 될 수고를 했기에 마음에 쉽을 가져다줍니다.

선교 여행을 가거나 어려운 이웃들을 위해 봉사하면서 활짝 웃는 이유는 무엇입니까? 마음에 쉼이 오기 때문입니다. 반면에 자신을 위해서 그토록 노력했지만 마음이 무겁고 힘든 이유는 무엇입니까? 욕심을 따라 하는 수고는 우리에게 짐을 가져다줄 뿐이기 때문입니다. 그리스도의 멍에를 메고 그리스도 안에서, 그리스도와 함께, 그리스도께서 주시는 마음을 가지고 행하는 수고는 몸은 피곤해도 마음에는 깊은 쉼이 주어집니다. 깊은 안식을 주시는 것입니다.

수고하지 않는 삶을 기대하지 마십시오. 천국에도 일이 있습니다. 마음속에 있는 무거운 짐이 무엇인지 한번 생각해 보십시오. 그것은 수고 자체가 아니라 마음속에 죄로 인한 짐이 가득하기 때문입니다. 그리스도의 멍에를 진다는 것은 그 모든 것을 그리스도의 주재권 아래 내려놓는 것입니다. 내가 하려는 노력들을 모두 내려놓고 그리스도의 주재권 아래 나아가는 것입니다. 그럴 때 우리의 마음이 쉼을 얻습니다.

온전한 동행

셋째는, 온전한 동행입니다. 멍에는 농사를 지을 때 소나 나귀와 같은 동물들이 밭가는 힘을 기르기까지 큰 소와 함께 지게 함으로 훈련을 시킬 때 사용하는 도구입니다. 이는 또 두 마리가 함께 밭을 갈게 할 때 사용하는 도구이기도 합니다. 이인삼각 경기를 생각해 보십시오. 혼자 가면 빠른데 두 사람이 발을 맞춰 함께 가야 합니다. 이때 보조를 맞추지 않고 먼저 가려고 하면 넘어지게 됩니다.

교만하고 불평불만이 가득한 사람은 그리스도의 멍에를 메는 게 불편합니다. 마음이 온유하고 겸손하신 그리스도의 방식과 그분께서 걸어가시는 속도를 따라야 하기 때문입니다. 내 뜻과 생각이 앞서 그리스도와 보조가 맞지 않으니 무거운 짐이 되는 것입니다.

그리스도의 멍에를 멨다는 것은 온유하고 겸손하신 그분의 길을 따라가는 동행을 의미합니다. 나의 모든 결정, 생각, 판단 등 내 삶의 일거수일투족이 그리스도의 멍에에 묶여 있다고 생각해야 하는 것입니다. 그리스도와 함께 그리스도의 멍에를 메고 온유하고 겸손하신 그분의 마음을 배워 가는 것이 바로 쉼을 얻는 길입니다.

우리 마음에 무거운 짐이 있는 것은 100퍼센트 확실하게 교만이 있기 때문입니다. 온유하고 겸손하신 그리스도의 멍에를 메고 배우는 그 수고 가운데 있을 때 그리스도의 권위 아래 온전히 메여 있는 삶을 사는 사람은 반드시 쉼을 얻습니다. 이것이 그리스도의 주재권 아래 사는 삶의 비밀입니다.

육체의 피곤함은 푹 자고 나면 회복됩니다. 또 약을 먹으면 일어날 수 있습니다. 그런데 문제는 회복되지 않는 마음의 짐입니다. 우리는 "수고하고 무거운 짐을 진 모든 사람은 다 내게로 오라. 내가 너희를 쉬게 할 것이다" 하신 약속을 붙잡아야 합니다.

우리는 하나님께 정복당한 만큼 행복하게 되어 있습니다. 그러나 내가 살아서 스스로 통치자가 되려고 할 때 우리는 불행할 수밖에 없습니다. 하나님께 완전히 내어 드리십시오. 완전히 항복하십시오. 그것이 그리스도를 믿는 믿음 안에서 살아가는 것입니다.

그리스도 안에서 생명의 수고를 다할 때 그리고 날마다 온유하고 겸손하신 그리스도와 동행하게 될 때 놀랍게도 우리는 마음에 쉼을 얻게 됩니다. 마음의 모든 무거운 짐이 가벼운 쉼이 되도록 그리스도께로 나아가십시오. 우리 삶에 어떠한 고통이 다가올지라도 그리스도의 멍에를 메는 순간 우리는 참된 쉼을 누리게 될 것입니다. 그리스도 아래 사는 삶은 참된 행복이요, 기쁨입니다.

15
모든 생각을 복종시켜 그리스도를 따르십시오

"우리가 가지고 싸우는 무기는 육체에 속한 것이 아니라 견고한 요새를 무너뜨리는 하나님의 능력입니다. 우리는 모든 궤변을 무너뜨리고 하나님을 아는 지식을 대적해서 스스로 높아진 모든 주장을 무너뜨리고 모든 생각을 사로잡아 그리스도께 복종시킵니다. 이와 더불어 우리는 여러분의 순종이 온전하게 됐을 때 모든 순종치 않는 사람들을 벌하기 위해 준비하고 있습니다"(고후 10:4-6).

예수님은 우리의 구세주이며 또한 주님이십니다. 예수님께서 십자가에서 죽으시고 우리의 옛 사람도 함께 죽게 하심으로 우리 가운데 새로운 부활의 생명이 주어졌습니다. 주님께서 우리의 구세주가 되시기 때문입니다. 예수님은 구속하신 모든 영혼들의 주인이 되시는 것입니다.

골로새서는 만물을 충만하게 하시는 그분께서 우리의 머리시라고 말씀합니다. 에베소서 1장에서도 "모든 만물을 그리스도께 복종시키셨다", "만물의 머리로 삼으셨다"고 말씀합니다. 그분이 우리의 머리시라는 것은 만물의 통치자요, 모든 구속받은 이들의 주님이 되신다는 것입니다. 그래서 하늘과 땅의 모든 권세를 그리스도께 주심으로 모든 이들이 그리스도를 주라 고백하며 그분께 굴복해야 하는 것입니다. 이때 굴복은 모욕적인 굴복이 아니라, 우리를 사랑하셔서 자신의 생명까지 내어 주신 사랑의 주님께 순종하는 것을 의미합니다. 이는 어쩔 수 없는 순종이 아니라 마음에서 우러나오는 깊은 사랑의 순종, 우리 마음속에 부어진 하나님의 사랑에서 나오는 열매인 것입니다.

하나님의 사랑 안에 머무는 자는 그리스도께 순종하는 삶을 삽니다. 그리스도의 권위 아래 살아가는 것입니다. 참된 권위는 자유를 보장합니다. 어떤 권위가 진짜 권위인가 아닌가를 평가할 수 있는 기준은 따르는 자들에게 자유를 허용하는가, 허용하지 않는가에 달려 있습니다. 하나님의 권위가 참된 권위인 것은 인간을 창조하실 때 인간에게 자유를 주시되 하나님을 배반할 수 있는 자유까지도 허용하셨기 때문입니다.

자유의지로 하나님을 예배하라

하나님은 자유로운 영혼 안에서 드려지는 경배를 받으십니다. 우리의 자유의지 속에서, 하나님을 향한 갈망과 소원 및 자유로운 선택 속에서 드려지는 예배가 아니라면 받지 않으신다는 것입니다. 너무나도 많은 행사와 예식들이 하나님의 이름으로 드려지지만 마당만 밟는, 마음과 생각은 다른 곳에 가 있는 예배는 하나님께서 원하지 않으십니다. 그것이야말로 참된 권위를 부정하는 것입니다.

하나님은 강요로 굴복시켜 통치하는 강압적이고 무자비한 통치자가 아니십니다. 그런데 사람들은 거꾸로 그것을 이용합니다. 자유를 이용해서 끊임없이 자기 마음대로 나아가고, 하나님을 대적하고, 악한 일을 계속 행하면서 하나님이 어디 있느냐고 말합니다. 반대입니다. 그렇게 마음대로 선택할 수 있는 시간과 자유가 허용됐기 때문에 하나님께서 살아 계신 것입니다.

전도서에 보면 "악한 일에 대해 판결이 빠르게 집행되지 않으면 사람들은 악한 짓을 저지르려는 마음으로 가득 차게 된다"(전 8:11)는 말씀이 있습니다. 만일 악한 일에 대해 즉각적인 판결이 집행된다면 우리는 아마 무서워서 죄를 짓지 않을 것입니다. 그런데 무엇이 문제입니까? 자유로운 선택을 통해 하나님께 드려지는 삶은 없는 것입니다. 이것은 차원이 다른 삶입니다. 하나님은 우리를 그렇게 통치하시는 무자비한 하나님이 아니십니다. 하나님은 선하신 하나님이십니다.

그러면 사람들이 말을 들을까요? 그게 능력입니다. 하나님은 선하시기에, 선하신 권위자이시기에 우리에게 자유를 주시지만, 또 하나님은 전능하시기에 우리 모두를 그 자유로운 선택을 통해 경배하게 하십니다. 하나님은 모든 것을 이룰 수 있는 하나님이신 것입니다. 참된 권위의 근원이시기 때문입니다. 하나님은 죽음으로 우리를 대신해서 희생하시고, 십자가에 죽으시고 부활하신 그리스도께 하늘과 땅의 모든 권세를 주셨습니다. 이제 우리가 그리스도를 주로 고백하며, 머리 되신 그분의 권위 아래 순종하며 살아갈 때 하나님께서 영광 받으시는 것입니다.

하나님은 이렇게 말씀하십니다. "내 앞에 나아올 땐 모두 그리스도를 통해서 나아와라. 그리스도 안에 있을 때만 인정하겠다." 죄에 빠져 죽음에 처한 인간들을 받아들여 줄 수 있는 모든 은혜를 그리스도 안에서 베풀어 주셨기 때문에, 하나님은 우리가 그 안에 있을 때에만 우리의 모든 것을 받으시는 것입니다.

"나를 떠나서는 너희가 아무것도 할 수 없다"(요 15:5).

하나님은 우리를 보실 때 사실 그리스도를 보시는 것입니다. 그리스도를 보시고 우리를 보시는 것입니다. 그리스도 안에 있으면 안전합니다. 그리스도 안에 있으면 풍성합니다. 그래서 우리는 그리스도 안에서 하나님과 사귐을 가지며 살아야 합니다. 그리스도 안에 있다는 건 무엇입니까? 그리스도의 권위 아래 순종하는 삶, 곧 자기를 부인하는 것입니다. 그리고 자기 십자가를 지는 것입니다. 자기 십자가를 지는 건 새 생명이 없으면 불가능합니다. 옛 사람은 그리스도의 십자가와 함께 이미 죽었기 때문입니다.

모든 것의 기준이 되시는 하나님

자기 십자가를 지는 것은 새 생명을 따라 살아가면서 그리스도의 권위 아래 온전히 자신을 내려놓는 것을 의미합니다. 고린도후서 10장 4-5절은 우리가 그리스도께 순종시켜야 하는 모든 영역에 대해 말씀합니다. 그것은 하나님을 대적해서 높아진 인간의 모든 사상, 생각, 관념, 세계관, 스스로 옳다고 생각하며 의지해서 살아가는 그 모든 것들을 그리스도의 십자가에 못 박고, 그리스도 앞에 내려놓고, 그리스도의 권위 아래서 살아가는 것입니다.

우리 삶에 진정한 변화가 나타날 때는 반드시 생각의 변화, 곧 우리의 생각까지도 그리스도께 복종시키는 변화가 나타나는데, 이것이 자기를 부인하고 자기 십자가를 지는 하나의 형태입니다. 사람들은 자신이 자유롭게 살아가고 있다고 생각합니다. 자신의 생각 또한 자유롭다고 생각합니다. 그런데 자유롭다고 생각하는 그 생각들을 모아 보면 공통점이 있습니다. 대부분 거짓말이 많다는 것입니다. 사람들의 문화 속에 스며들어오는 모든 판단, 거짓, 왜곡되고 잘못된 생각들로 인해서 우리 마음을 혼란하게 합니다. 세상에서 옳다고 여기는 도덕과 철학에도 그러한 독소들이 들어 있는 줄 모르고 그 많은 생각들을 따르며 살아가고 있는 것입니다.

"우리가 가지고 싸우는 무기는 육체에 속한 것이 아니라 견고한 요새를 무너뜨리는 하나님의 능력입니다. 우리는 모든 궤변을 무너뜨리고 하나님을 아는 지식을 대적해서 스스로 높아진 모든 주장을 무너뜨리고 모든 생각을 사로잡아 그리스도께 복종시킵니다"(고후 10:4-5).

우리의 생각과 한 시대, 한 문화 속에는 견고한 요새처럼 자리 잡은 생각들이 있습니다. 사람들은 자유롭게 생각하지만 대부분 세계관이나 사상에 매여 있습니다. 우리를 가둬 놓는 지식들이 있는 것입니다. 하나님을 아는 지식을 대적해서 더 높아진 거짓된 주장들에 매여 있는 것입니다. 그래서 그리스도 안에 있다고 하지만, 성경의 수많은 말씀을 읽지만 사실은 자신의 생각 속에 머무는 것입니다.

아담과 하와를 보십시오. "먹지 말라" 하신 하나님의 명령을 어기고 "하나님처럼 되리라"는 뱀의 꼬임에 넘어가 선악을 알게 하는 나무의 열매를 따 먹었습니다. 하나님의 말씀의 진리 앞에 순종하지 않았을 때 거짓말이 틈탄 것입니다. '선악을 알게 하는 나무'의 존재는 선과 악을 구분 지을 수 있는 능력이 하나님께만 있을 뿐, 인간에게는 없다는 것을 뜻합니다. 인간이 하나님의 명령을 어기고 하나님을 대적하는 것은 스스로 선과 악을 구분 짓는 기준이 되겠다는 것입니다. 이것이 아담 이후로 오늘날까지 하나님을 대적하는 모든 사상의 핵심입니다.

철학자들은 이를 여러 가지로 다양하게 표현합니다. 데카르트는 "나는 생각한다. 고로 존재한다"고 말했습니다. 얼마나 멋지고 근사한 말입니까! 그런데 이면에는 그 단어로 표현되는 무서운 독소가 있습니다. 그것은 인간의 의식, 생각, 어떤 사상, 판단이 존재의 근거가 된다는 것입니다. 우리 존재의 근거는 하나님이시고 하나님께 대한 생각이 우리의 모든 존재를 평가하는 기준이 되어야 하는데, 내 안에 있는 어떤 의식, 생각, 사상, 판단이 기준이 될 수 있다는 것입니다.

물론, 그로 인한 긍정적인 효과도 일부 있었습니다. 그런데 무서운 독소가 그것을 틈타 들어온 것입니다. 그의 말 이면에는 하나님 없는 인간의 사상이 선악을 판단하는 모든 기준이 될 수 있다는 의미가 담겨 있습니다. 오늘 이 시대에는 외부로부터 부어지는 어떤 기준도 받아들일 필요가 없다는 것입니다. 기준은 스스로 만드는 것이라는 것입니다. 그런데 한계는 무엇입니까? 인간은 자신의 판단 기준 자체를 동시에 판단할 능력이 없다는 것입니다.

칼 융은 "이 세상에 선과 악이 대등하게 공존한다"고 말했습니다. 그런데 이는 거짓말입니다. 잘못 깨달은 것입니다. 성경은 분명히 악은 선에 대한 배반에서 나왔다고 말씀합니다. 어거스틴은 또한 "악은 선의 결핍이다"라고 말했습니다. 악은 선에 기생해서 사는 기생충과 같은 것입니다. 악은 스스로 존재할 수 없습니다. 도둑질을 보십시오. 도둑질도 열심히 해야 성공합니다. 남들 잘 때 깨어 있어야 합니다. 철저한 준비와 팀워크 또한 갖춰야 합니다. 하나 되어야 하고, 배신하면 안 됩니다. 무슨 말입니까? 선을 이용하지 않으면 도둑질에 성공할 수 없다는 것입니다. 이처럼 세상의 모든 악은 선에 기생하지 않고는 존재할 수 없다는 것이 악이 선으로부터 나왔음을 증명합니다.

진리와 생명 되신 그리스도를 따르라

예수님은 "나는 길이요, 진리요, 생명이니"(요 14:6)라고 말씀하셨습니다. 우리는 그리스도를 중심으로 세상을 보고, 그리스도를 중심으로 자신을 발견하고, 그리스도를 중심으로 인간을 이해해야 합니다. 진리이신 그리스도만 알면 어떠한 미혹과 속임이 와도 분별할 수 있기 때문입니다. 그리스도께 모든 생각을 복종시키십시오. 그리스도께서 십자가로 이루신 사건을 통해 세상과 인간 그리고 하나님을 바라볼 때 온전한 진리를 깨닫게 될 것입니다. 어떤 생각이나 사상이든 그리스도를 통해 비추어 보십시오. 거기에 해답이 있습니다. 그것이 진정한 자유입니다.

예수님은 "진리가 너희를 자유롭게 할 것이다"(요 8:32)라고 말씀하셨습니다. 참된 권위와 진리는 우리를 자유롭게 합니다. 얽매이게 하지 않습니다. 진정한 자유란 무엇입니까? 사람들은 하고 싶은 대로 하는 것을 자유라고 생각합니다. 그런데 이는 착각입니다. 자유란 자기에게 주어진 목적대로 자기가 존재하는 한계를 지키는 것입니다.

세상에 존재하는 모든 것에는 목적이 있고, 그 목적을 이루기 위한 한계가 주어집니다. 하나님은 인간을 하나님의 말씀대로 순종해야 될 존재로 창조하셨습니다. 선과 악을 스스로 판단하는 존재가 아니라 하나님의 말씀대로 순종하며 살아가는 존재인 것입니다. 우리는 그 안에서 자유로울 수 있습니다.

성경은 "죄를 짓는 사람은 누구나 마귀에게 속해 있습니다"(요일 3:8)라고 말씀합니다. 죄의 종이 된다는 것입니다. 하나님의 말씀대로 산다는 것은 생각을 분별하고 복종시키는 것입니다. 떠오르는 생각이 그래서 중요합니다. 하나님은 우리의 행동뿐 아니라 우리의 생각조차도 행동으로 보시기 때문입니다. 하나님의 말씀에 생각을 복종시키는 것은 우리의 힘으로 되지 않습니다. 우리는 그 생각 속에 이미 파묻혀 있기 때문입니다. 컴퓨터에서 어떤 파일을 지우려면 그 파일 밖으로 나와야 하는 것처럼, 우리 안에서 일어나는 생각을 우리 스스로는 제어할 수 없습니다.

악기를 연주하는 사람은 악보에 철저히 순종할 때 자유로울 수 있습니다. 바이올린을 배우지 않은 사람이 1분간 자유롭게 연주한다고 생각해 보십시오. 그 사람은 자유라고 말하겠지만 그 안에는 악보가 없기 때문에 진정한 자유가 될 수 없습니다. 악보에 충실하게 순종할 때 자유가 일어나는 것처럼, 우리 인생의 진정한 악보 되신 그리스도께 온전히 순종할 때 우리는 진짜 자유를 누릴 수 있습니다.

뉴욕에 있는 자유의 여신상에는 이런 문장이 기록되어 있다고 합니다. "너희의 지치고 가난하고 너를 괴롭히는 문제들을 나에게 맡기고 부지런히 자유를 숨 쉬라." 이 얼마나 헛된 생각입니까? 우리는 지치고 힘든 문제들을 그리스도의 십자가 앞에 내려놔야 합니다. 그래야 진짜 자유를 숨 쉴 수 있습니다.

주님은 계속해서 말씀하십니다. "수고하고 무거운 짐을 진 모든 사람은 다 내게로 오라. 내가 너희를 쉬게 할 것이다 … 너희는 내 멍에를 메고 내게서 배우라"(마 11:28-29). "모든 생각을 사로잡아 그리스도께 복종시키라"(고후 10:5). 그리스도 안에서, 그리스도 아래서 살아갈 때 우리는 진짜 자유를 경험하게 될 것입니다.

16
영적 예배자로 그리스도를 따르십시오

"그러므로 형제들이여, 내가 하나님의 자비하심으로 여러분에게 권합니다. 여러분의 몸을 하나님께서 기뻐하시는 거룩한 산 제물로 드리십시오. 이것이 여러분이 드릴 영적 예배입니다. 여러분은 이 세대를 본받지 말고 오직 마음을 새롭게 함으로 변화를 받아 하나님의 선하시고 기뻐하시고 온전하신 뜻이 무엇인지 분별하도록 하십시오"(롬 12:1-2).

그리스도인은 그리스도 안에 있는 사람들입니다. 성경에는 그리스도인이라는 단어가 단 한 번 등장합니다. 안디옥교회 성도들이 세상으로부터 그리스도인이라 일컬음을 받았습니다. 그래서 엄밀한 의미에서 스스로를 향해 '나는 그리스도인이다'라고 말하는 것보다는 누군가에 의해 그렇게 불려야 하는 것입니다. 나는 아무 말하지 않아도 '당신은 그리스도인'이라는 말을 듣는 것이 진짜 그리스도인의 삶입니다. 이를 위해 우리가 해야 할 일은 그리스도께서 내 안에, 내가 그리스도 안에 거하는 것입니다. 그래서 사도 바울은 늘 '나는 그리스도 안에 있는 자'라고 고백했습니다.

그리스도께서 내 안에 거하실 때 일어나는 마땅한 변화는 무엇입니까? 그분을 높여 드리고, 그분을 인정하고, 그분의 주재권 아래 순종하는 것입니다. 순종은 내가 이루는 율법적인 행위가 아니라 그리스도께서 내 안에 거하심으로 마땅히 일어나는 변화입니다. 진정한 권위자, 진정한 통치자, 진정한 왕이신 그분 앞에 있을 때 우리는 그분을 따를 수밖에 없습니다. 따라지는 것입니다. 나를 대신해서 죽으시고 구원하신 그분 앞에서 순종은 지극히 당연한 반응인 것입니다.

우리에게는 순종할 능력이 없습니다. 하나님 앞에 순종할 능력이 있었다면 인간은 타락하지 않았을 것입니다. 타락한 우리에게 순종은 자연스러운 본능이 아닙니다. 우리는 불순종의 영들 가운데 불순종의 노예로 살아가고 있기 때문에 순종은 지극히 부자연스러운, 우리의 본성을 거슬러야 하는 일입니다. 그래서 그리스도께서 십자가에 죽으시고 부활하심으로 우리 안에 새 생명이 탄생하게 하시고, 성령의 임재하심으로 그 새 생명이 순종하도록 도우시는 것입니다.

순종은 그리스도 안에서 자라 갈 때 내 안에서 경험되어집니다. 순종도 열매인 것입니다. 그리스도께서 내 안에 온전히 계심을 체험함으로 나타나는 영적 변화의 과정인 것입니다. 믿음조차도 내가 믿는 게 아닙니다. 우리는 믿을 능력이 없습니다. 타락으로 말미암아 깨어진 것이 우리 안의 믿음입니다. 믿음조차도 하나님의 약속과 능력 및 성령의 역사로 우리 안에 찾아오셔서 믿게 하시는 것입니다. 그래서 진정한 믿음은 믿어지는 것입니다. 이 믿어짐으로부터 시작해서 이제는 믿음으로 나아가는 적용이 일어나기 시작합니다. 믿음으로 믿음에 이르는 삶을 살아가게 되는 것입니다.

영적 예배를 드리라

순종과 믿음, 이것은 그리스도의 주재권 아래 살아가는 모습입니다. 그리고 그리스도의 주재권 아래 마땅히 나타나야 하는 순종의 가장 높은 차원은 예배라고 할 수 있습니다. 예배의 중요한 영역 중에 하나는 하나님의 임재하심을 보는 것입니다. 하나님 없이 살아가던 사람들이 함께 모여 예배함으로 하나님의 임재하심을, 하나님의 영광을 보는 것입니다. 이것은 세상의 쇼처럼 보여 주는 것이 절대 아닙니다. 참된 예배의 자리에 나아가면 세상과 다른 무언가를 보게 됩니다. 우리가 보여 주려고 노력하지 않아도 보게 되는 것입니다.

"그러므로 형제들이여, 내가 하나님의 자비하심으로 여러분에게 권합니다. 여러분의 몸을 하나님께서 기뻐하시는 거룩한 산 제물로 드리십시오. 이것이 여러분이 드릴 영적 예배입니다. 여러분은 이 세대를 본받지 말고 오직 마음을 새롭게 함으로 변화를 받아 하나님의 선하시고 기뻐하시고 온전하신 뜻이 무엇인지 분별하도록 하십시오"(롬 12:1-2).

우리의 믿음을 향한 최고의 공격은 휴머니즘(humanism)이라 할 수 있습니다. 사람들은 흔히 '그냥 착하고 선하게 살면 되는 거 아닌가?'라고 말합니다. 똑바로 살면 되지 뭐 그리 복잡하게 믿으라고 그러냐는 것입니다. 이는 굉장히 무서운 도전입니다. 기독교에 대한 가장 큰 공격입니다.

무엇을 하느냐보다 더 중요한 건 왜 그 일을 하느냐입니다. 똑같이 착하고 선하게 사는 것처럼 보여도 마음속의 동기와 이유가 다른 것입니다. 그리스도인의 착함과 선함은 삶으로 추구하는 차원이 결코 아닙니다. 그리스도 안에서 그 성품이 자연스럽게 드러나는 것입니다.

사도 바울은 우리가 받은 구원과 그리스도께서 우리 안에 거하시는 모든 것을 '하나님의 자비하심'이라고 이야기합니다. 영어 성경은 이 자비라는 단어를 복수로 사용했습니다. 그런데 문법적으로 엄밀하게 말하자면 자비라는 단어는 복수로 사용할 수 없습니다. 그렇다면 왜 복수로 쓴 것일까요? 히브리어는 장엄함과 광대함 같은 말로 표현할 수 없는 풍성함을 나타낼 때 복수로 표현하는 습관이 있습니다. 그리스도 안에서 우리에게 베풀어 주신 하나님의 말할 수 없는 자비를 표현하기 위해 복수를 사용한 것입니다. 이에 대한 우리의 마땅한 반응은 무엇일까요? 우리 스스로 추구하는 어떤 삶이 아닌 예배입니다. 예배란 우리가 하나님께 무엇인가를 해 드리는 것이 아니라, 그리스도 안에서 나에게 베풀어 주신 하나님의 자비하심에 대한 반응입니다.

"그러므로 형제들이여, 내가 하나님의 자비하심으로 여러분에게 권합니다. 여러분의 몸을 하나님께서 기뻐하시는 거룩한 산 제물로 드리십시오. 이것이 여러분이 드릴 영적 예배입니다"(롬 12:1).

사도 바울은 영적 예배를 '우리 몸을 하나님께서 기뻐하시는 거룩한 산 제물로 드리는 것'이라고 말했습니다. 여기에는 두 가지 역설이 숨어 있습니다. 첫째는, 산 제물이라는 표현의 역설입니다. 제물은 죽어야 합니다. 제물로 드려진 짐승이 완전히 죽지 않아 살아서 돌아다닌다면 이 짐승은 제물이 된 게 아닙니다. 그렇다면 바울은 왜 '산 제물'이라 한 것일까요? 이는 완전히 죽지 않아 살아 있는 제물이라는 뜻이 아니라, 완전한 죽음 이후 다시 살아난 새 생명으로 살아가는 삶의 제물이라는 뜻입니다. 로마서 1-11장까지가 바로 이 말씀을 설명한 것입니다.

구약의 수많은 제사로 제물을 죽게 하신 것은 하나님께서 피를 좋아하셔서가 아닙니다. 우리의 끔찍한 죄는 피 흘림을 통해서만 용서받을 수 있다는 것을 알려 주시기 위함입니다. 그런데 이제는 그리스도의 피로 우리의 죄가 용서받았기에 더 이상 죽은 제물로 드려질 필요가 없게 되었습니다. 하나님의 풍성하신 자비하심 가운데 그리스도 안에서 이루어진 놀라운 구원의 생명으로 이제는 우리가 산 제물로 드려질 수 있게 된 것입니다. 여기서 산 제물이란 우리의 모든 삶이 하나님 앞에 예배로 드려지는 것을 말합니다.

둘째는, 몸을 드리는데 영적 예배라고 표현한 역설입니다. 당시 헬라인들에게 몸은 죄악시되는 것이었습니다. 헬라인들은 플라톤 철학의 지배를 받았기에 몸은 악하고 영은 선하다고 생각했습니다. 그들은 몸 안에 갇혀 있는 영이 몸으로부터 벗어나는 것을 구원이라고 생각했습니다. 그런데 그런 그들에게 몸으로 드려진 것이 영적인 것이라고 표현한 것입니다. 이는 매우 놀라운 표현이 아닐 수 없습니다.

우리는 몸이 아니라 마음을 드리는 것이 중요하다고 생각하기 쉽습니다. 그러나 죄는 영적인 차원만의 것이 아닙니다. 죄는 우리의 몸에도 영향을 줍니다. 아담과 하와가 지은 죄를 생각해 보십시오. 그것이 영적인 죄입니까? 영적인 죄라는 말 자체가 성립되지 않습니다. 그 죄가 죽음을 가져왔습니다. 이는 우리 몸에 영향을 미친 것입니다.

우리의 구원과 변화도 마찬가지입니다. 마음뿐 아니라 몸에도 변화가 나타나는 것입니다. 그리스도께서 내 안에, 내가 그리스도 안에 거하는 것은 어떤 영적인 영역에만 머물러 있는 것이 아닙니다. 이 삶이 우리에게 실제가 되면 우리 몸에 놀라운 변화가 나타납니다. 치유가 일어나는 것입니다. 우리 안에 그리스도께서 온전히 임재하시면 세상 어떤 힘으로도 고칠 수 없는 병을 낫게 할 수 있는 것입니다.

물론 이것만을 추구해서는 안 됩니다. 하나님의 뜻 가운데 고쳐 주지 않으실 수도 있기 때문입니다. 하나님은 종종 당신의 뜻 가운데 고난 속에서 그리스도를 증거하게 하십니다. 그러나 중요한 것은, 그리스도 안에 없을 때는 고난을 두려워하고, 피하고, 고난 없이 사는 편안함을 추구했지만, 그리스도 안에 있을 때는 고난 속에서도 기뻐할 수 있다는 것입니다. 이 또한 몸의 변화라 할 수 있습니다. 우리의 영적인 영역에 그리스도께서 임재하시면 우리 몸의 영역에도 그리스도의 임재하심이 나타나게 되는 것입니다. 그래서 몸으로 사는 삶 자체가 바로 영적 예배가 되는 것입니다.

하나님께 삶을 드리라

"여러분은 이 세대를 본받지 말고 오직 마음을 새롭게 함으로 변화를 받아 하나님의 선하시고 기뻐하시고 온전하신 뜻이 무엇인지 분별하도록 하십시오"(롬 12:2).

헬라어 원문을 보면 로마서 12장 1절과 2절은 접속사로 연결되어 있습니다. 접속사 없이 이 구절만 떼어 놓고 보면 '마음을 새롭게 함으로 변화를 받아야지', '하나님의 선하시고 기뻐하시고 온전하신 뜻이 무엇인지 분별해야지' 하며 말씀을 율법적으로 해석하게 됩니다.

1절은 하나님의 자비하심을 먼저 말씀합니다. 여기서 생략된 단어가 '그리스도 안에서'입니다. 그리스도 안에서 우리에게 베풀어 주신 하나님의 자비하심에 대한 반응, 그것은 드려질 수밖에 없는 드림입니다. 우리를 끌어당기시는 하나님의 자비하심 속에 드려지는 드림은 내가 움직이는 액션 같지만 성령의 임재하심으로 나타나는 액션입니다. 그러나 나의 자유의지가 동반되는 액션입니다.

그런데 2절은 정반대인 수동태로 되어 있습니다. '변화를 받으라', '분별하라' 하는 명령형으로 되어 있지만 이는 수동명령입니다. 무슨 말입니까? 이는 받는 것, 수동적으로 우리 가운데 일어나는 것이라는 의미입니다. 정확하게 설명하면, 영적 예배자로 그리스도의 주재권 아래 있을 때 마음이 새롭게 되는 변화가 나타난다는 것입니다.

자신의 의지로 이룬 변화는 진정한 영적 변화가 아닙니다. 우리가 할 수 있는 것은 그리스도를 통해서 베풀어 주시는 하나님의 자비를 붙잡는 것입니다. 그리스도를 통해서 주어진 십자가의 부활에 연합되는 것입니다. 믿음으로 계속해서 그리스도 안에 거할 때 놀랍게도 변화되지 않았던 마음이 새롭게 되는 역사가 나타나는 것입니다. 그리고 하나님의 선하시고 기뻐하시고 온전하신 뜻이 무엇인지 분별할 수 있게 되는 것입니다.

2절은 1절의 열매입니다. 우리가 해야 할 일은 '그러므로 그리스도 안에 있는 하나님의 자비하심'을 믿음으로 받아들이는 것입니다. 로마서 1-11장까지의 말씀에 아멘이 되었다면 우리 안에서 우리 몸을 하나님께서 기뻐하시는 거룩한 산 제물로 드리는 반응이 일어나야 합니다. 여기서 사용된 '드리다'라는 단어는 로마서 6장 11-13절에서 사용된 '드리다'와 같은 의미로, 이는 앞선 말씀을 반복한 것입니다.

우리의 몸으로 행하는 모든 삶 속에 그리스도의 임재하심이 나타날 때, 우리가 영적 예배자로 끊임없이 자신을 하나님 앞에 드릴 때 우리 마음에 놀라운 변화가 나타납니다. 예전에 품지 못했던 마음을 품게 되는 것입니다. 그리고 그 변화 이후에 또 다른 열매가 나타나는데, 그것은 분별력입니다. 하나님의 선하시고 기뻐하시고 온전하신 뜻이 무엇인지 분별하게 되는 것입니다.

분별은 그리스도 안에 거할 때 주시는 열매의 축복입니다. 그런데 우리는 이 순서를 역으로 생각하기가 쉽습니다. 하나님의 뜻이 무엇인지 분별하면 우리 마음에 변화가 일어나고, 변화가 일어나면 예배자가 될 거라고 생각하는 것입니다. 이는 거꾸로 율법적으로 만들어 가는 것입니다.

분별은 어린아이 때는 보지 못했던 것을 자람으로써 보게 되는 것입니다. 우리는 영적 분별력을 하루아침에 얻으려는 욕심을 내려놓아야 합니다. 분별력을 얻기 위해서는 먼저 그리스도께서 내 안에, 내가 그리스도 안에 거하는 삶을 살아야 합니다. 내 안에 거하신 그리스도를 높여 드리고 나의 모든 삶을 통해 그리스도께서 영광 받기를 원하는 영적 예배자의 삶을 드릴 때 우리 마음에 변화가 일어남으로 얻게 되는 것이 바로 분별력입니다. 이 분별력은 결정적인 순간에 작동하게 됩니다. 시험 보듯이 어떻게 해야 하나 고민하지 않아도 분별되는 것입니다. 이 분별력이 우리 삶 가운데 있어야 합니다.

"너희는 온 세상에 나가서 모든 사람들에게 복음을 전파하라"(막 16:15).

복음을 증거하는 일에 헌신하고 드려지면 놀랍게도 분별을 얻게 됩니다. 내가 주인이 되려는 마음과 노력으로는 분별을 얻을 수 없습니다. 살아 있는 제물로 하나님 앞에 당신 자신을 끊임없이 드리십시오. 그럴 때 우리 안에 변화가 일어나며 분별할 수 있는 능력이 점점 생겨나게 될 것입니다. 그리스도 안에 거하는 삶은 이런 놀라운 축복의 삶입니다.

5부 /

그리스도처럼

Like Christ

우리가 세상에 속하지 않을 수 있는 것은
오직 그리스도와 친밀하게
연합되는 것뿐입니다.
이 세상에 대해 못 박힌 자가 되는 것입니다.
세상의 권세로부터 자신을 끌어낼 수 있을 때만
우리는 이 세상에 진정한 영향력을
미칠 수 있는 것입니다.

17
그분의 겸손하심처럼

"무엇을 하든지 이기심이나 허영으로 하지 말고 서로 겸손한 마음으로 다른 사람들을 자기보다 낮게 여기십시오. 여러분은 각자 자기 자신의 일을 돌아볼 뿐더러 다른 사람의 일도 돌아보십시오. 여러분 안에 이 마음을 품으십시오. 이것은 그리스도 예수 안에 있던 마음이기도 합니다. 그분은 본래 하나님의 본체셨으나 하나님과 동등됨을 기득권으로 여기지 않으시고 오히려 자신을 비워 종의 형체를 가져 사람의 모양이 되셨습니다. 그리고 그분은 자신을 낮춰 죽기까지 순종하셨으니, 곧 십자가에 달려 죽으신 것입니다"(빌 2:3-8).

하나님은 우리를 있는 그대로 사랑하십니다. 우리가 어떤 모습이든지 우리의 있는 모습 그대로를 받아 주십니다. 그러나 결코 우리를 있는 모습 그대로 내버려 두지는 않으십니다. 우리가 변화되어 가도록 역사하십니다. 부모는 자녀에게 어떤 허물과 연약함이 있다 할지라도 자녀를 있는 모습 그대로 받아들이는 것처럼, 우리 아버지 하나님은 우리의 연약함과 죄와 허물을 있는 모습 그대로 받아 주십니다. 또 자녀의 부족하고 연약한 모습을 그대로 내버려 둘 수 없어 끊임없이 기도하고 노력하며 애쓰는 것과 같이 하나님은 그리스도 예수 안에서 우리를 결코 내버려 두지 않으십니다. 우리를 향한 하나님의 계획은 단지 죄를 용서하고 형벌을 면제하는 것만이 아니기 때문입니다.

예수 그리스도를 닮아 가는 삶

"하나님께서는 미리 아신 사람들을 자기 아들의 형상을 닮게 하시려고 또한 미리 정하셨습니다. 이는 그 아들이 많은 형제들 가운데 맏아들이 되게 하시기 위함입니다"(롬 8:29).

그리스도께서 이 땅에 오셔서 우리를 구원하신 이유는, 맏아들이신 예수님의 형상을 우리가 닮아 가도록 하시기 위해서입니다. 우리를 향한 하나님의 부르심은 우리가 분명히 그리스도처럼 변화되는 것입니다. 그것이 하나님의 계획입니다. 그런데 우리는 이 부르심 앞에서 '죄인 된 내가 그리스도처럼 변화된다는 것은 불가능해. 이것은 있을 수 없는 일이야' 하고 포기해 버립니다. 불가능한 일이라고 그렇게 여겨 버리는 것입니다. 이것은 하나님 앞에 너무나 죄송한 일입니다. 너무나 안타까운 일입니다. 하나님께서 그리스도를 통해, 그리스도와 함께 그리고 그리스도 안에서 변화가 가능한 길을 열어 주셨기 때문입니다. 그렇게 변화가 가능하도록 역사하고 계시기 때문입니다. 그리고 그렇게 변화하도록 우리를 인도하고 계시기 때문입니다.

우리가 그리스도를 통해 은혜의 보좌 앞에 나아가고, 그리스도와 함께 십자가에 못 박히며, 그리스도의 부활 생명으로 다시 살아남을 체험하고, 그리스도 안에 거함을 날마다 체험할 때 맺히는 열매는 무엇입니까? 열매의 핵심은 우리의 어떤 일이 아닙니다.

"너희가 내 안에 있고 내 말이 너희 안에 있으면 너희가 원하는 것이 무엇이든지 구하라. 그러면 그대로 이루어질 것이다"(요 15:7).

그 열매의 핵심은 무엇입니까? 바로 그리스도를 닮는 것, 그리스도와 같이 변화되는 것입니다. 이것은 우리가 발버둥 친다고 되는 것이 아닙니다. 이를 악물고 노력한다고 되는 것도 아닙니다. 이것은 그리스도께서 우리 안에 거하심으로 우리를 통해 이루시는 일이기 때문입니다.

그리스도는 우리와 세 가지 중요한 관계를 맺으시는데, 첫째는, 우리의 보증이 되십니다. 그리스도는 십자가에서 우리를 대신해서 죽으심으로 용서의 보증이 되시고, 다시 부활하심으로 의로움의 보증이 되시고, 하늘 보좌 우편에서 우리를 위해 중보하심으로 이 땅에서 때때로 넘어지고 쓰러질 때 죄 사함을 받는 보증이 되십니다.

둘째는, 우리의 모범이 되십니다.

"여러분은 이것을 위해 부르심을 받았습니다. 그리스도께서도 여러분을 위해 고난을 당하시고 여러분에게 본을 남겨 주심으로 그분의 발자취를 따르게 하셨습니다"(벧전 2:21).

우리의 보증이 되신 그리스도와 모범이 되신 그리스도 사이에는 간격이 있습니다. 이 간격을 어떻게 뛰어넘을 수 있을까요? 우리의 보증이 되신 그리스도만을 믿고 본받아 그 발자취를 따르는 것은 성인(聖人)들이 하는 일입니다. 오지에서 죽기로 각오한 선교사님들에게만 나타나는 일입니다. 그래서 나하고는 상관이 없는 일이라고 생각해 버립니다.

오히려 세상 사람들은 그리스도의 구원의 보증이 되시는 일들은 전혀 믿지 않은 채 모범이 되시는 그리스도만을 따르려고 합니다. 슈

바이처를 보십시오. 그는 예수님의 신성과 구원의 보증은 믿지 않았지만 그리스도처럼 살고 싶다며 아프리카에서 헌신적인 삶을 살았습니다. 그는 인도주의적(humanitarian)인 삶을 살았을 뿐, 그리스도인은 아닌 것입니다.

우리는 어떻게 구원의 보증이 되시는 그리스도와의 관계에서 그리스도를 본받는 데까지 나아갈 수 있습니까? 그 비결로 우리에게 주어진 것이 바로 우리의 머리 되신 그리스도이십니다. 그리스도께서 우리의 머리가 되신다는 것은 우리가 머리 되신 그리스도와의 살아 있는 연합의 관계를 통해서 그리스도처럼 변화되어 갈 수 있다는 것입니다.

그리스도께서 우리의 머리가 되신다는 것은 그가 생명의 근원이시고 우리는 그 생명이 우리 안에 거함으로써 살아갈 수 있는 존재라는 뜻입니다. 생명이 어디에 있습니까? 이 질문 앞에 사람들은 대개 심장을 가리킵니다. 그런데 저는 뇌라고 생각합니다. 심장과 호흡 모두 중요하지만 결국은 뇌가 죽어야 진짜 죽은 것이기 때문입니다. 사실 몸이 움직이는 것은 반응일 뿐, 실제로 움직이는 것은 뇌라고 볼 수 있습니다. 그래서 저는 머리 되신 그리스도는 곧 우리의 생명이 되신다고 생각합니다.

그리스도께서 우리의 머리시라는 것은 우리가 그분으로부터 모든 것을 지시받아 자라 감으로써 결국 그리스도와 같이 변화되는 것이 가능하다는 것을 말씀하는 것입니다. 첫째 아담 안에서 우리 모두는 죽었습니다. 영적 죽음에 다 참여한 자가 되었습니다. 그러나 둘째 아담 안에서 우리는 그분의 십자가의 죽음과 그분의 다시 사신 생명에 함께 참여한 자가 되었습니다. 즉 그 생명이 우리 안에 있음으로 이제는 우리가 그리스도처럼 자라 갈 수 있게 된 것입니다.

그 생명이 자라나는 데는 시간이 좀 필요할 것입니다. 그러나 우리에게는 자랄 수 있고, 자라야 하며, 자라는 것이 가능하도록 도우시는 하나님이 계십니다. 그래서 그리스도처럼 변화될 수 있는 것입니다. 윌리엄 템플은 이 문제를 셰익스피어와 비교하면서 이렇게 재미있게 설명했습니다. "우리가 어떻게 셰익스피어의 작품 같은 희곡들을 쓸 수 있겠는가? 그리고 우리가 어떻게 예수님처럼 살 수 있겠는가? 불가능하다. 이 둘 다 불가능하다. 그런데 만일 셰익스피어의 천재적 영성이 우리 안에 들어올 수 있다면 우리도 그 사람처럼 희곡을 쓸 수 있을 것이다. 만일 예수 그리스도의 영이 우리 안에 들어올 수 있다면 우리도 그리스도처럼 살 수 있을 것이다. 기쁜 소식은, 셰익스피어의 천재성이 우리 안에 들어오는 것은 끝까지 불가능한 일이지만, 그리스도의 영이 우리 안에 들어오시는 것은 가능한 일이다. 그래서 셰익스피어의 천재성을 가진 작품을 쓰는 것은 절대로 불가능하지만, 그리스도처럼 변화되는 것은 가능한 일이다. 그리스도의 생명이 우리 안에 거하기 때문이다."

그리스도처럼 되는 것은 예수님의 삶을 모방한다고 되는 것이 아닙니다. 그리스도께서 내 안에, 내가 그리스도 안에 거할 때 그리스도의 삶이 우리를 통해 재생산되는 것입니다. 예수님의 DNA를 가진 생명이 우리 안에 있기에 시간이 흘러갈수록 우리의 모습이 그리스도처럼 변화되어 간다는 것입니다. 첫째 아담 안에서 우리의 영이 죽었을 때 사탄으로부터 받았던 가장 큰 바이러스는 무엇입니까? 교만입니다. 우리의 죄의 뿌리와 연결되어 있는 것이 바로 교만입니다. 이 교만은 매우 끔찍한 영적 세력에 뿌리를 두고 있습니다. 우리가 구원받아야 하는 것은 바로 이 교만 때문입니다.

교만을 경계하고 겸손으로 무장하라

사실 겉으로 나타나는 자랑이나 자기과시 같은 것들은 교만의 잎일 뿐입니다. 교만의 깊은 뿌리는 사탄이고, 이는 지옥에서부터 나오는 것입니다. C. S. 루이스는 "다른 모든 죄들은 사실 인간에게 있는 동물적 본성을 이용하는 것이다"라고 말했습니다. 우리 안에 있는 욕구를 가만히 생각해 보십시오. 그것은 모두 우리 안에 있는 이 동물적 본성을 이용하는 것입니다. 그런데 교만은 동물적 본성이 없어도 바로 지옥에서 나오는 것이기에 육적인 본성을 이용하지 않고도 영적인 독소로 우리를 무너뜨립니다. 그렇기에 우리 안에 있는 이 교만의 독소를 제거하지 않으면 우리는 결코 그리스도처럼 변화될 수 없습니다. 그만큼 가장 무서운 죄가 교만인 것입니다.

그리스도께서 내 안에 거하지 못하시도록 끊임없이 우리를 거부하게 하는 것의 실체는 무엇입니까? 바로 교만입니다. 내가 주인인 나의 왕국에 그 누가 들어온단 말입니까. 요한계시록 3장 20절의 "보라. 내가 문 앞에 서서 두드리니 누구든지 내 음성을 듣고 문을 열면 내가 들어가서"라는 말씀은 이미 믿고 있었던 라오디게아 성도들에게 주신 말씀입니다. 차지도 않고 덥지도 않고, 예수님을 믿는다고 하면서 그분을 마음 문 밖으로 내몰았던 성도들에게 주신 책망의 말씀입니다.

혼자 힘으로는 교만을 이길 수 없습니다. 우리는 그리스도와 함께 나의 모든 옛 사람이 십자가에 못 박힌 자임을 인정해야 합니다. 죄에 대해 죽고 이제는 하나님께 대해 산 자임을, 나의 옛 사람이 아니라 내 안에 계시는 그리스도의 생명으로 살아가는 자임을 인정해야 합니다. 그럴 때 놀랍게도 우리는 이 교만으로부터 자유하게 되는 것입니다.

혼자 힘으로 교만을 이길 수 있다고 다짐하는 것도 교만입니다. 겸손해져야 한다며 이를 악무는 순간 교만으로 들어가는 것입니다. 교만의 뿌리가 얼마나 깊습니까? 그러나 나의 모든 교만이 예수님과 함께 십자가에 못 박혀 죽었음을 고백하고 그리스도와 함께 그분 안에 거할 때 놀랍게도 우리는 교만으로부터 자유하게 됩니다.

"여러분 안에 이 마음을 품으십시오. 이것은 그리스도 예수 안에 있던 마음이기도 합니다"(빌 2:5).

왜 품으라고 했습니까? 붙잡고 있어야 한다는 것입니다. 주장하고 있어야 한다는 것입니다. 우리의 옛 사람이 십자가에 못 박혀 죽었으므로 십자가에 못 박힌 자로 그리스도 안에 거해야만 그리스도의 생명이 나를 통해 계속 역사할 수 있기 때문에 이 마음을 품으라고 말씀하시는 것입니다.

우리는 생명을 이식받았습니다. 그리스도의 십자가는 죽었던 우리에게 생명을 이식해 주시는 수술입니다. 그리스도의 생명이 우리 가운데 이식되어 있을 때 우리는 그 생명을 품어야 합니다. 그리스도의 마음이라는 건 사실 그리스도의 생명이라고 번역해도 좋은 말입니다. 그리스도의 생명의 근원을 거슬러 올라가면 그 생명은 어디에서 왔습니까? 하나님의 겸손에서 왔습니다. 우리에게 품으라고 말씀하신 그리스도의 마음은 어떤 마음입니까? 그리스도의 겸손의 마음입니다.

그리스도의 겸손은 두 가지 영역에서의 겸손인데, 첫째는 하나님으로서의 겸손입니다. 하나님으로서의 겸손은 하나님의 모든 신성과 능력을 비우신 것입니다. 하나님은 사람이 되심으로 당신의 영광을 버리셨습니다. 영원하신 하나님께서 시간과 공간 속에 들어오심으로 자신을 낮추시고 능력을 제한하셨습니다. 예수님은 이 세상에서 가끔 신성을 보여 주셨지만 언제나 물위로만 다니신 것은 아닙니다. 오래 걸으면 다리가 아프고, 때가 되면 밥을 먹고 잠을 자야 하는 연약한 육신으로 자신의 능력을 제한하시고 모든 신성과 능력을 비우심으로 자기를 낮추시어 하나님으로서의 겸손을 보여 주셨습니다.

둘째는, 인간으로서의 겸손입니다. 이는 죽기까지 낮아지심으로 십자가를 지신 겸손입니다. 예수님은 하나님으로서 십자가를 지신 것이 아닙니다. 하나님으로서 죽으신 게 아니었습니다. 하나님은 죽으실 수 없는 분이십니다.

하나님으로서는 모든 신성과 능력을 비우시고 인간으로서 십자가를 지신 것이기 때문에 겸손이신 것입니다. 이 이중적 겸손을 통해서 그분은 우리 안에 있는 교만으로부터 우리를 건져 내시는 것입니다. 우리에게 요구되는 겸손은 그리스도의 십자가를 함께 경험하는 것입니다. 자기 십자가를 지는 것입니다. 자기를 부인하는 것이 겸손의 핵심입니다.

그리스도의 겸손을 통해 우리가 깨닫게 되는 것은 죄가 우리를 겸손하게 낮추는 것이 아니라는 것입니다. 때로 우리는 죄 때문에 낮아지고 겸손해진다고 생각합니다. 때로 죄로 인한 수치와 형벌로 인해 우리의 영혼이 겸손해지는 것 같기도 합니다. 그러나 그것은 진정한 겸손이라기보다는 그냥 기가 꺾인 것입니다. 꼿꼿한 대나무가 꺾여서 그 높이가 낮아진 것뿐입니다. 어쩔 수 없이 꺾인 것입니다.

진정한 겸손은 그리스도를 통한 하나님의 놀라우신 은혜 앞에서 내가 얼마나 작은 존재인가, 내가 얼마나 교만한 존재인가를 발견하고 그 은혜 앞에서 자신을 한없이 낮추는 것입니다. 죄가 아니라 은혜가 더 필요한 것입니다. 우리에게 주어진 하나님의 풍성하신 은혜 앞에서 우리 자신을 한없이 낮출 수 있는 것, 마치 열매가 많이 달려 있는 가지가 고개를 숙이는 것처럼 주님의 풍성하신 은혜 앞에서 자신의 한없이 작음을 고백하는 것, 이것이 진정한 겸손입니다.

그리스도의 죽으심과 연합을 경험하는 사람만이 이러한 겸손에 이를 수 있습니다. 죄에 대해 죽고 그리스도의 죽으심의 능력을 날마다 자신의 것으로 삼는 믿음 안에서만 이런 겸손에 이를 수 있습니다. 이런 겸손에 이르게 될 때 우리는 겸손하지 않고는 만족함이 없는 자가 되는 것입니다. 어떤 문제와 죄가 있어서 회개하는 것이 아니라, 우리 안에 이러한 겸손이 없음을 안타까워하고 슬퍼하며 그리스도의 겸손에 이르지 않고는 결코 만족함이 없는 영혼의 상태에 이르는 것이 진정한 겸손함입니다.

주님 앞에 나아와 부스러기라도 족하다고 고백했던 가나안 여인처럼, 주님께서 자신의 집에 들어오심을 감당하지 못하겠다며 말씀만 하옵소서 고백했던 백부장처럼 겸손한 믿음을 가지십시오. 주님은 한없이 높이고 자신은 한없이 낮추는 겸손함이 진정한 믿음의 삶입니다. 겸손한 사람은 상처를 잘 받지 않습니다. 겸손한 영혼은 다른 사람에게 상처를 주지도 않습니다. 상처 받는 것도 가만히 생각해 보면 그 안에 교만이 살아 있기 때문입니다.

그리스도 안에 있는 이 겸손이 나의 겸손이 되는 것, 이것이 바로 그리스도처럼 변화되는 삶의 출발입니다. 매일의 삶 가운데 이 겸손의 열매가 맺어지기를 간구하십시오.

†

진정한 겸손은 그리스도를 통한
하나님의 놀라우신 은혜 앞에서
내가 얼마나 작은 존재인가,
내가 얼마나 교만한 존재인가를 발견하고
그 은혜 앞에서 자신을 한없이 낮추는 것입니다.

18
그분의
용서하심처럼

"누가 누구에게 불평거리가 있더라도 서로 용납하고 서로 용서해 주십시오. 주께서 여러분을 용서하신 것같이 여러분도 그렇게 하십시오"(골 3:13).

"'네 이웃을 사랑하고 네 원수를 미워하라'는 말도 너희가 들었다. 그러나 나는 너희에게 말한다. 너희 원수를 사랑하고 너희를 핍박하는 사람을 위해 기도하라. 그리하면 너희가 하늘에 계신 너희 아버지의 아들들이 될 것이다. 하나님께서는 악한 사람이나 선한 사람이나 똑같이 햇빛을 비춰 주시고 의로운 사람이나 불의한 사람이나 똑같이 비를 내려 주신다. 너희를 사랑해 주는 사람만 사랑한다면 무슨 상이 있겠느냐? 세리라도 그 정도는 하지 않느냐? 형제에게만 인사한다면 남보다 나을 것이 무엇이겠느냐? 이방 사람도 그 정도는 하지 않느냐? 그러므로 하늘에 계신 너희 아버지가 온전하신 것같이 너희도 온전해야 한다"(마 5:43-48).

그리스도처럼 변화되는 것은 우리의 노력으로 이루어지는 것이 아닙니다. 그것은 불가능한 일입니다. 학습이나 모방을 통해서 이루어지는 것도 결코 아닙니다. 그것은 재생산입니다. 그리스도의 생명이 내 안에 있을 때 그리스도와 같은 DNA, 그리스도와 같은 영적인 생명이 내 안에서 자람으로써만 이루어지는 것입니다. 그리스도께서 내 안에 사심으로써 그리스도처럼 변화되는 일이 일어나는 것입니다. 그러므로 나의 힘과 노력으로 그리스도처럼 흉내 내는 것은 무서운 또 하나의 종교 생활로 빠져드는 것입니다.

이는 애쓸 필요가 없다는 뜻이 아니라, 잘못된 노력으로 이루려는 욕심 또한 내려놓아야 한다는 것입니다. 나의 노력과 나의 어떤 성취로 이룰 수 있는 목표를 주신 것이 아니라, 우리에게 베풀어 주신 은혜, 곧 그리스도를 통해서, 그리스도와 함께, 그리스도 안에서 이루신 것들을 우리 마음에 새기고 그 복음의 능력 가운데 거하면 그것이 곧 우리를 통해 이루어지는 하나님의 역사이고 우리를 통해 맺어지는 열매입니다. 믿음의 삶은 언제나 열매라는 단어 속에 다 포함되어 있습니다.

열매는 갖다 붙인다고 되는 것이 아닙니다. 열매는 맺히는 것입니다. 우리 안에 그리스도의 성품이 맺히는 변화, 그것이 곧 영적인 재생산입니다. 가지가 나무에 붙어 있으면 열매가 저절로 맺듯이, 우리가 그리스도 안에 거하고 그리스도께서 내 안에 거하실 때 그리스도처럼 변화되는 것은 너무나 자연스러운 열매인 것입니다.

그 첫 번째 열매는, 바로 겸손입니다. 첫째 아담을 통해 우리 안에 들어온 이 죄의 무서운 뿌리는 교만이었습니다. 첫째 아담이 하나님 앞에 교만을 받아들였을 때 거기서부터 죄가 시작된 것입니다. 죄가 들어오고 교만이 들어왔다고도 볼 수 있지만, 교만으로 죄가 들어왔다고 말할 수도 있는 것입니다. 죄를 범하는 동기에 있어 인간의 자유의지가 교만을 향해 나아갔기 때문입니다.

두 번째 열매는, 용서입니다. 죄를 범한 이후 아담과 하와의 모습을 보십시오. 비난과 정죄와 책임 전가와 미움이 있습니다. 하나님께서 하와를 창조하셔서 아담에게로 이끄셨을 때 아담이 뭐라고 고백했습니까? "드디어 내 뼈 가운데 뼈요 내 살 가운데 살이 나타났구나"(창 2:23) 하는 것입니다. 가장 소중하다는 것입니다. 그런데 타락한 이후에는 이렇게 고백했습니다. "하나님께서 함께하라고 제게 주신 그 여자"(창 3:12).

우리 안에 있는 아담의 죄성은 정죄와 미움, 책임을 전가하게 합니다. 아담은 "제가 범했습니다"가 아니라 "그 여자가 주어서 먹었습니다", 그 여자인 하와는 "뱀이 주어서 먹었습니다" 하며 계속해서 책임을 전가합니다. 그리고 서로를 비난합니다. 가장 가까웠던 관계가 책임을 떠넘기고 비난하는 관계로 바뀌어 버린 것입니다. 이것이 교만의 증거요, 타락의 쓴 뿌리들인 것입니다.

"주께서 여러분을 용서하신 것같이"

그리스도 안에서 우리가 생명의 삶으로 회복됐을 때 나타나는 것은 용서와 화해와 치유의 역사입니다. 골로새서 3장 13절의 말씀을 보십시오.

> "누가 누구에게 불평거리가 있더라도 서로 용납하고 서로 용서해 주십시오. 주께서 여러분을 용서하신 것같이 여러분도 그렇게 하십시오."

우리가 용서해야 한다는 것에 집중하기 이전에 먼저 머물러야 하는 것은, '주께서 여러분을 용서하신 것같이'입니다. 그리스도의 용서하심에 초점을 두어야 하는 것입니다. 이 용서는 내 능력으로 이룰 수 없는 것이기 때문입니다. 이것에 깊이 머물 때 용서는 우리 안에서 흘러가는 축복과 능력이 됩니다. 주님께서 나를 용서하셨기 때문에 내가 할 수 없었던 용서가 내 안에서 일어나게 되는 것입니다.

예수님께서는 십자가를 향해 아무 말씀 없이 걸어가신 것처럼 보이지만 주님께서는 기도하며 그 길을 오르셨습니다. 성경에 기록된 일곱 번의 기도를 가상칠언이라 하는데, 그중 첫 번째 말씀이 "아버지, 저들을 용서해 주소서. 저들은 자기들이 하고 있는 일을 알지 못합니다"(눅 23:34)입니다. 이 말씀의 시제를 보면 한 번만 하신 것이 아닙니다. 기록된 것으로는 한 번 기도하신 것처럼 되어 있지만 반복적으로 계속 기도하신 것입니다. 어쩌면 십자가를 지고 걸어가셨을 때도, 못 박히실 때도, 사람들이 조롱할 때도 예수님께서는 끊임없이 반복해서 기도하셨을 것입니다. "아버지여, 저들을 용서하소서. 저들을 용서하소서. 저들을 용서하소서." 예수님께서 이 땅에 살아 사역하실 때는 '용서하소서'라는 기도를 드리신 적이 없습니다. 용서를 선포하셨습니다. "네 죄들이 용서받았다"(눅 7:48). 그래서 바리새인들이 뒤집어진 것입니다. "이 사람이 도대체 누군데 죄까지도 용서한다는 것인가?"(눅 7:49). 그 죄 사함의 선포가 바리새인들을 거슬리게 만들었던 것입니다.

그런데 왜 예수님께서 십자가를 지시면서 죄를 용서해 달라고 간구하고 계십니까? 그것은 그들과 같은 죄인이 되어서 그들을 대신하는 제물로 자신을 드리고 계시기 때문에 용서해 달라고 기도하셨다는 것입니다. 자신을 못 박는 자들을 용서하신 것입니다. 불특정 다수, 자신에게 아무런 해를 끼치지 않는 사람을 향해 용서를 말하는 건 너무나도 쉽습니다. 그러나 지금 나의 목전에서 해를 끼치고 나를 무너뜨릴 뿐 아니라 나를 죽이려 하는 자들을 위해 용서를 구하는 것은 상상하기 힘든 일입니다.

우리가 용서라고 할 때는 어떤 일이 발생하고 한참 후에야 용서해 볼까 말까를 고민하기 시작합니다. 그런데 예수님은 바로 그 현장에서 용서를 간구하셨습니다. 그리고 그 기도를 반복해서 드리셨습니다. 그 기도가 어떻게 역사되었습니까? 예수님과 함께 십자가에 못 박혔던 강도가 변화되었습니다.

　사회적으로 볼 때 죽어 마땅한 죄를 범해서 지금 처형을 받고 있는 사람이 예수님께 구원을 간청합니다. 그리고 함께 조롱하던 사람들을 향해 "우리는 마땅히 죄를 지어서 이런 벌을 다 받는 것이지만 이분은 아무 죄가 없다"고 이야기합니다. 예수님을 변호한 것입니다. 어떻게 이럴 수 있었을까요?

　다른 복음서에 보면 함께 못 박힌 강도에 복수형을 사용합니다. 처음에는 구원받은 이 강도도 함께 예수님을 조롱했습니다. 그러다 어느 한순간에 변화되었습니다. 이 사람은 십자가에 못 박히기 이전에 변화되어서 그런 말을 한 것이 아니라, 처음 못 박히는 과정 속에서는 함께 예수님을 조롱하다가 예수님께서 십자가에 못 박혀 있던 어느 시점으로 인해서 변화된 것입니다. 그 변화된 동기가 무엇입니까? 앞뒤 좌우를 잘 살펴보면 그 사이에는 예수님의 기도가 있었습니다. 자신을 못 박는 자들을 용서해 달라는 그 기도에 대한 응답으로 강도가 변화된 것입니다.

　그런데 강도만 변화된 게 아니었습니다. 그 십자가형을 집행했던 로마 백부장은 예수님께서 운명하신 후에, 뭐라고 고백했습니까? "이분은 참으로 의로운 분이셨다"(눅 23:47). 이는 예수님께서 참으로 하나님의 아들이심을 인정한 것입니다. 어떻게 사형을 집행한 백부장의 입에서 이런 고백이 나올 수 있었을까요? 그 또한 예수님의 기도를 들었기 때문일 것입니다. 자신을 처형하는 이들을 용서하시는 예수님의 용서의 기도가 응답됨으로 바로 그 현장에서 로마 백부장이 변화된 것입니다. 그분의 신성과 의로우심과 놀라우신 그 사랑을 보게 된 것입니다.

　용서의 기도에는 사람을 변화시키는 능력이 있습니다. 우리를 진정 변화시키는 것은 정죄나 심판이 아닙니다. 하나님께서 율법에 근거해서 우리를 심판하시는 것으로 세상을 끝내지 않으시는 것은, 그러면 심판으로 끝나 버리기 때문입니다. 죄의 징벌을 받으면 받는 것으로 끝나는 것입니다. 죄를 지어 대가를 치른 사람은 더 당당해집니다. 자신의 의로움을 더 강하게 붙잡습니다. 마땅히 치러야 할 대가를 치렀기 때문에 변화되지 않는 것입니다.

　사람은 율법으로는 변화되지 않습니다. 죄에 대해 대가를 치르는 것은 일부 효과가 있지만 그것이 진정한 겸손에 이르게 하지는 못합니다. 진정한 변화는 용서를 통해 근본적인 변화가 일어나는 것입니다. 왜냐하면 그리스도의 영이 임하는 곳에는 '아버지, 저들을 용서해 주소서'라고 기도하신 그 용서가 흘러가기 때문입니다. 손양원 목사님을 보십시오. 자신의 아들을 죽인 자를 용서하셨을 뿐 아니라 그 사람을 양자로 삼아 집회 때마다 데리고 다니셨습니다. 그리고 결국엔 그를 목회자로 만드셨습니다. 한 영혼을 변화시킬 뿐만 아니라 한 가정과 가문을 변화시키는 일이 바로 용서를 통해 이루어진 것입니다.

그리스도의 용서하심을 체험하라

　주께서 우리를 용서하신 것같이 그분의 용서가 우리를 통해 흘러가는 것이지, 우리가 용서해 주는 것이 아닙니다. 우리에게는 용서할 능력이 없습니다. 마태복음 6장 14-15절은 다른 사람에 대한 용서가 하나님의 우리에 대한 용서와 연결되어 있다고 말씀합니다.

"너희가 너희에게 죄지은 사람을 용서하면 하늘에 계신 너희 아버지께서도 너희를 용서하실 것이다. 그러나 너희가 남의 죄를 용서하지 않으면 너희 아버지께서도 너희 죄를 용서하지 않으실 것이다."

무서운 말씀입니다. 예수님께서는 다른 누군가를 용서하는 것과 내가 하나님께 용서받는 것을 연결시키고 계십니다. 많은 메시지가 포함되어 있지만 핵심적인 한 가지는, 우리가 누군가를 용서하지 못하고 있다면 이는 우리가 그리스도 안에서 우리에게 베풀어 주신 하나님의 용서를 온전히 체험하지 못했다는 것입니다. 그리스도를 통해서, 그리스도 안에서 주어진 하나님의 용서를 온전히 누린 만큼 다른 사람을 용서할 수 있다는 것입니다.

바꿔 말하면, 우리가 다른 사람을 용서하지 못하는 만큼 아버지의 용서하심을 체험하지 못하고 있다는 것입니다. 받아들이지 않고 있다는 것입니다. '주께서 용서하신 것처럼'이라는 이 말씀을 체험하지 못했다는 것입니다. 뒤집어 보면, 한편으로는 이렇게 생각하는 것입니다. '하나님 앞에서 나는 그렇게 용서받을 만한 죄를 지은 적이 없어.' 이 말대로라면 그리스도께서는 왜 십자가에 못 박히셨습니까?

그리스도께서 나를 대신해서 죽으실 만큼 내가 그렇게 심각한 죄인은 아니라는 생각이 바로 교만입니다. 이것만큼 무서운 생각이 없습니다. 그러니 '주께서 나를 용서하신 것처럼'이라고 할 때 밀려오는 감격이 없는 것입니다. 그리고 밀려오는 용서의 감격이 없으니 다른 사람에게로 용서가 흘러가지 않는 것입니다. 받은 게 없으니 줄 것이 없는 것입니다. 용서는 용서받은 만큼 전해집니다. 우리가 다른 사람을 용서할 수 있는 것은 하나님의 용서를 얼마나 믿고 받아들이고 체험했는가에 달려 있습니다.

예수님께서 유명한 비유를 말씀해 주셨습니다. 1만 달란트 탕감 받은 종이 100데나리온 빌려간 사람을 용서하지 않은 이야기입니다. 이 이야기를 제대로 이해하려면 1만 달란트와 100데나리온이 각각 얼마만큼의 가치인지를 알아야 합니다. 당시 갈릴리와 베레아, 우리나라로 하면 경기도 정도 규모 이상에서 나오는 1년 세금이 200달란트였습니다. 수많은 사람들이 함께 내는 세금이 200달란트였으니 1만 달란트라는 건 매우 큰돈입니다. 정확하게 환산할 수는 없지만 수십억 원이 넘는 큰돈입니다. 이는 개인의 능력으로는 변제할 수 없는 상상하기 어려운 돈입니다. 반면 1데나리온은 한 사람이 받는 하루 품삯입니다. 100데나리온을 빚졌다는 건 100일간 일하면 갚을 수 있다는 것입니다. 그런데 갚을 수 없는 것을 면제받았음에도 불구하고 갚을 수 있는 것을 용서하지 않은 것입니다. 그래서 예수님께서는 "내가 네 빚을 모두 없애 주었다. 내가 너를 불쌍히 여긴 것처럼 너도 네 동료를 불쌍히 여겼어야 하지 않았느냐?"(마 18:32-33) 하고 말씀하신 것입니다.

우리는 하나님의 용서를 체험한 만큼 용서할 수 있습니다. 우리가 용서하고 있지 않다는 것은 그리스도께서 우리를 위해 행하신 일, 그리스도 안에서 우리에게 베풀어 주신 하나님의 용서를 받아들이지 않고 있거나, 혹은 받아들였지만 누리고 있지 않거나, 아니면 그것을 믿지 않거나 체험하지 못했다는 증거입니다. 예수님께서는 이렇게 말씀하셨습니다.

"'네 이웃을 사랑하고 네 원수를 미워하라'는 말도 너희가 들었다. 그러나 나는 너희에게 말한다. 너희 원수를 사랑하고 너희를 핍박하는 사람을 위해 기도하라. 그리하면 너희가 하늘에 계신 너희 아버지의 아들들이 될 것이다. 하나님께서는 악한 사람이나 선한 사람이나 똑같이 햇빛을 비춰 주시고 의로운 사람이나 불의한 사람이나 똑같이 비를 내려 주신다"(마 5:43-45).

45절에 주목해 보십시오. 원수를 사랑하고 핍박하는 자를 위해 기도하는 용서가 깔려 있습니다. 이 말씀은 우리가 예수 그리스도를 믿음으로 값없이 의롭다 함을 받아 하나님의 자녀가 된다는 말씀을 무너뜨리는 것처럼 보입니다. 원수를 용서하는 데까지 이르지 못하면 하나님의 아들들이 되지 못한다는 뜻으로 비쳐지기 때문입니다. 결론부터 말하면, 아닙니다. 결코 그렇지 않습니다.

이 문장에 함축된 의미는 이렇습니다. 예수님께서는 이 문장을 아람어로 말씀하셨는데 아람어에는 형용사가 많지 않습니다. 그래서 최상급의 형용사를 명사로 표현합니다. 예를 들어, '평화의 아들'이라 하면 가장 평화스러운 사람이라는 뜻입니다. 야고보와 요한에게 붙은 '우레의 아들'이란 별명은 우레 같은, 불같은 사람이라는 뜻입니다. 바나바에게 붙은 '위로의 아들'이란 별명은 무엇이겠습니까? 위로가 풍성한 사람, 위로가 흘러넘치는 사람이라는 뜻입니다. 이처럼 명사와 명사를 사용해서 설명하는 것입니다.

그러면 '아버지의 아들들'이 된다는 건 무슨 뜻일까요? 이는 가장 아버지를 닮은 자녀가 된다는 뜻입니다. 가장 그리스도의 형상을 닮은, 그리스도처럼 변화된 하나님의 자녀가 되는 것입니다. 수많은 하나님의 자녀들이 있지만, 세상과 동일하게 살아가는 자녀가 아니라 그리스도, 그 아들의 형상을 가장 본받은 자녀는 용서가 흘러가는 사람이라는 것입니다. 겸손한 심령으로 그리스도의 용서하심처럼 용서가 흘러갈 때 아버지의 아들들이라고 불릴 수 있다는 것입니다.

'나는 그렇게 용서받을 만한 죄를 지은 적이 없다'고 생각한다면 누구도 용서하지 못합니다. 그러나 '그리스도께서 나를 용서하심처럼'이라는 단어 속에 머무르면 놀랍게도 그리스도의 용서의 능력이 나의 능력이 됩니다. 나는 나 자신을 부인하고 내려놓고 순종할 뿐입니다. 그 능력이 흘러가면 그리스도께서 하나님의 맏아들이심과 같이 우리가 그 아들의 형상을 본받아 하나님의 자녀다운 자녀가 될 것입니다.

"그러므로 하늘에 계신 너희 아버지가 온전하신 것같이 너희도 온전해야 한다"(마 5:48).

온전함, 이것은 곧 자녀다움, 그리스도다움, 그리스도처럼 변화됨을 뜻합니다. 이 온전함은 목적과 계획대로 이루어지는 것입니다. 그리스도 안에서 우리를 구속하신 목적대로 우리 삶을 통해 용서가 흘러가는 것입니다. 하나님께서 햇빛과 단비를 선한 사람이든 악한 사람이든 우리 모두에게 똑같이 내려 주심과 같이 이미 이 세상에는 하나님의 용서가 가득 흐르고 있습니다. 하나님은 이미 자신을 믿지 않고 대적하는 이들에게도 끊임없는 용서를 베풀고 계신 것입니다.

믿었으니까 구원하고 믿지 않았으니까 처벌하는 그 단면이 아닙니다. 하나님은 이미 자신을 대적하고 있는 수많은 사람들에게도 이 용서의 은혜를 베풀고 계십니다. 그러나 특별히 그리스도 안에서는 우리를 온전히 용서하시고 하나님의 자녀로 받아 주시는 것입니다. 하나님의 용서하심을 우리가 체험한 것처럼 우리를 통해서도 그 용서가 흘러가야 합니다. 놀랍게도 이 용서가 흘러갈 때 자유하게 되는 것은 나 자신이라는 것을 깨닫게 됩니다.

내가 용서를 흘려보낸 만큼 나를 용서하신 그리스도 안에서 하나님의 사랑이 더 풍성하게 체험되고 누려집니다. 좋아하는 마음이 없어도 용서할 수 있습니다. 상대방의 미래는 하나님께 맡기는 것입니다. 우리가 할 수 있는 것은 용서가 흘러가게 하는 것입니다. 그래서 용서는 나 자신을 자유하게 하는 것입니다. 상대방을 위해서 행한 것 같지만 사실은 나 자신을 위해서 행한 것입니다.

하나님의 용서가 흘러가는 통로가 되기를 소망하십시오. 나는 할 수 없지만 주님이 가능하게 하십니다.

19
그분이 세상에
속하지 아니하신 것처럼

"그러나 이제 나는 아버지께로 갑니다. 내가 세상에서 이것을 말하는 것은 내 기쁨이 그들 속에 충만하게 하려는 것입니다. 나는 그들에게 아버지의 말씀을 주었는데 세상은 그들을 미워했습니다. 내가 세상에 속해 있지 않은 것처럼 그들도 세상에 속해 있지 않기 때문입니다. 내가 아버지께 기도하는 것은 아버지께서 그들을 세상에서 데려가 달라는 것이 아니라 악한 자로부터 그들을 보호해 달라는 것입니다. 내가 세상에 속하지 않은 것처럼 그들도 세상에 속하지 않았습니다. 진리로 그들을 거룩하게 해 주소서. 아버지의 말씀은 진리입니다"(요 17:13-17).

예수님께서는 세상에 계셨지만 세상에 속하지 않으셨습니다. 그래서 그리스도 안에 있는 우리 모두에게도 세상 한복판에 살지만 세상에 속하지 않은 자로 그리스도처럼 살아가기를 원하시는 것입니다.

"내가 세상에 속하지 않은 것처럼 그들도 세상에 속하지 않았습니다"(요 17:16).

예수님께서 이 세상에 계실 때 사람들과 교제하신 것은 그들이 하나님께로 다시 돌아오는 백성이 되게 하시기 위함이었습니다. 그리스도께서 세상에 계실 때 이 세상의 통치자들과 악한 권세들과 싸우신 것은 이 세상의 모든 권세의 주인이 하나님이시라는 것을 밝히 드러내시기 위함이었습니다. 동시에 그리스도께서는 세상에 계셨지만 세상에 속하지 않은 자로 나타나신 것은 세상 안에 하나님의 생명이 없다는 것을 보여 주신 것입니다. 이 세상에 있는 자들이 하나님을 바라보도록, 하나님의 생명을 사모하도록 만드시기 위해 그리스도께서는 세상에 속하지 않은 자로 나타나신 것입니다.

그리스도인, 세상에 속하지 않은 자

예수님께서는 말씀하셨습니다. "내 나라는 이 세상에 속한 것이 아니다"(요 18:36). 이것이 바로 예수님의 생애를 통해서 우리에게 나타난 것입니다. 이 세상에 속하지 않은 세상이 존재한다는 것을 알리시기 위해 이 세상에 오셔서 이 세상에 속하지 않은 삶을 보여 주신 것입니다. 예수님께서 보여 주지 않으셨다면 우리는 이 세상만을 바라봤을 것입니다. 예수님의 삶을 깊이 묵상할 때 이 세상에 속하지 않은 영원한 세상, 영원한 나라가 존재한다는 것을 깨닫게 되는 것입니다.

그리스도인이란 그리스도 안에 있는 자들이며, 그리스도 안에 있는 자들은 그리스도처럼 세상에 있으나 세상에 속하지 않은 자로 살아가도록 부르심을 받은 사람들입니다. 그러나 어떤 사람들은 세상에 있는 자들로 부르심을 받은 것으로만 주장합니다. 그들은 세상의 모든 문제들에 해결책을 내 주어야 하는 것처럼 생각하며 살아가는 사람들입니다. 이 세상을 하나님께서 온전히 이끌어 가실 수 있다고 생각하는 사람들인 것입니다. 그런데 아이러니하게도 그러면 그럴수록 기독교가 더 세상적이 된다는 것입니다.

그런가 하면 어떤 사람들은 세상에 속하지 않은 자들로 부르심을 받은 것으로만 생각합니다. 세상과 담을 쌓고 세상의 어떤 문제에 대해서도 관심을 갖지 않은 채 높은 수도원 담벼락 안에서 사는 사람들입니다. 이들은 세상의 뉴스를 더럽게 여기며 극단적인 비판을 경건하다고 생각합니다. 이 또한 세상에 계셨던 그리스도를 바라보지 못하게 함으로써 세상적이 되는 것입니다.

그리스도 안에 있는 성도들은 이 두 가지를 하나로 합해야 하는 부르심 속에 있습니다. 세상에 있으나 세상에 속하지 않은 자로 살아가는 부류입니다. 어렵게 느낄 필요가 없습니다. 그리스도의 영이 우리 안에 살아 계실 때 그리스도의 영이 인도하시는 대로 살아가면 됩니다. 그리스도처럼 살면 되는 것입니다.

이 세상의 모든 문제를 우리가 다 해결할 수는 없습니다. 해결할 수 있다고 생각한다면 그건 교만입니다. 그것은 어떤 한 사람의 지도자가 결정한다기보다는 우리 안에 있는 그리스도의 생명이 이끄시는 흐름과 역사를 따라 각 시대마다 부르심을 받는 것입니다. 교회가 한 시대를 흘러감에 따라 가장 중요한 이슈에 대해 세상에 속하지 않은 자로 세상 속에 영향을 미칠 때가 많았습니다. 마틴 루터 킹은 인종차별에 대한 그 부르심으로 세상에 속하였지만 세상에 속하지 아니한 자로 세상에 영향을 미쳤던 사람입니다. 이처럼 각 시대마다, 민족과 나라 및 상황마다 그 부르심이 있는 것입니다.

세상에 있으나 세상에 속하지 않은 자로 살아가는 이 두 가지 부르심이 하나로 합해지는 것, 그것이 바로 그리스도인입니다. 중요한 원리는 이미 드러나 있습니다. 그리스도를 바라볼 때 그리고 그리스도처럼 이 세상에 속하지 않으면 않을수록 우리는 이 세상에 더 큰 영향을 미칠 수 있게 됩니다. 세상에 속하지 않은 만큼 세상에 더 깊이 관여할 수 있게 되는 것입니다. 이 세상의 정신과 원리와 흐름에 자유로워질수록 세상을 더욱더 변화시킬 수 있는 영향력이 우리에게 주어지는 것입니다.

우리가 세상에 속하지 않을 수 있는 것은 오직 그리스도와의 친밀한 연합뿐입니다. 이 세상에 대해 못 박힌 자가 되는 것입니다. 세상의 권세로부터 자신을 끌어낼 수 있을 때만 우리는 이 세상에 진정한 영향력을 미칠 수 있습니다. 세상 가운데 큰 영향력을 미쳤던 그리스도인들을 보십시오. 이 세상에 속하지 않은 자로 살았기에 그들은 세상에 영향을 주었습니다. 그러나 세상에 속하지 않은 자로서의 영성과 능력이 없을 때, 그 본질이 없을 때는 세상에 휩쓸려 버리고 말았습니다. 예수님의 기도처럼 우리가 세상에 속하지 않은 자로 세상에 거할 때 우리는 세상의 복이 되고, 세상의 빛과 소금이 됩니다. 결코 세상에서 분리되는 것이 아닙니다. 이 세상 한복판에 살면서 세상에 속하지 않은 자로 존재할 때 이 땅에서 그리스도의 살아 계심을 보여 주게 되는 것입니다.

세상에 속하지 않은 자의 삶

예수님의 기도로 유명한 요한복음 17장은 우리가 그리스도처럼 세상에 있으나 세상에 속하지 않은 자가 되었을 때의 상태를 설명해 주고 있습니다. 첫째는, 그리스도의 기쁨이 우리 가운데 충만히 누려집니다.

"그러나 이제 나는 아버지께로 갑니다. 내가 세상에서 이것을 말하는 것은 내 기쁨이 그들 속에 충만하게 하려는 것입니다"(요 17:13).

예수님은 16장부터 계속 이 기쁨에 대해서 설명하셨습니다. 세상에 속하지 않은 자의 영성의 핵심은 무엇입니까? 이 세상이 주는 기쁨과 즐거움이 아닌 다른 차원의 기쁨을 충만하게 누린다는 것입니다. 세상에 속하지 않은 상태를 우리가 거룩이라고 말한다면, 이 거룩한 영혼 안에는 어떠한 표징이 나타나야 할까요? 기쁨입니다. 거룩은 무미건조한 단어가 아닙니다. 우리는 거룩, 거룩, 거룩하면서 기쁨이 없는 거룩을 말할 때가 많습니다. 그래서 거룩한 예배가 자칫하면 거북한 예배가 될 때가 많습니다. 움직이지도 않고 숨도 쉬지 않는 것은 거북이지 거룩이 아닙니다.

세상에 속하지 않은 자에게는 이 세상에서 누릴 수 없는 기쁨이 밀려옵니다. 하나님 앞에서, 찬양과 예배 속에서 세상에 속하지 않은 자가 누리는 하늘의 기쁨이 충만히 흘러넘치는 것입니다. 기쁨이 흘러넘치는데 뻣뻣이 굳어진 얼굴로 세상 모든 근심을 다 짊어진 사람처럼 앉아 있는 건 거룩이 아닙니다.

거룩은 '카도시', 곧 구별되었다는 것입니다. 다르다는 것입니다. '바리새'라는 말도 원래는 구별되었다는 좋은 뜻을 갖고 있습니다. 무엇이 구별된 것입니까? 세상에 없는 기쁨이 우리 가운데 있기에 구별된 것입니다. 진정 세상에 속하지 않은 거룩은 주님의 기쁨이 우리 가운데 충만하게 넘쳐나는 것입니다.

기쁨이란 슬픔이 없는 상태가 아닙니다. 예수님의 기쁨은 슬픔이 없는 게 아니라 슬픔이 변화된 기쁨입니다. 세상의 기쁨은 슬픔을 무엇인가로 대체하는 것입니다. 그러나 예수님께서 말씀하신 기쁨은 슬품이 변화된 기쁨입니다. 그 예를 요한복음에서 해산하는 여인의 비유를 통해 말씀하셨습니다. 이 변화의 원리는 아기를 낳을 때의 근심, 걱정, 고통이 큰 기쁨으로 변화된다는 것입니다. 세상과 다른 주님의 기쁨이 충만하게 넘치는 삶을 우리에게 허락하셨다는 것입니다.

그리스도처럼 세상에 속하지 않은 자가 될 때 주님의 기쁨이 우리 가운데 충만하게 넘쳐날 수 있습니다. 그래서 세상이 주는 어떤 기쁨과 즐거움에도 흔들리지 않는 것입니다. 왜 우리는 세상에 속한 자로 삽니까? 세상에 속한 기쁨과 즐거움이 우리를 유혹하기 때문입니다. 기쁨과 즐거움이 없는 게 아닙니다. 그러나 그 기쁨과 즐거움에 넘어가지 않고 그와는 비교할 수 없는 하늘의 기쁨, 주님의 기쁨이 우리를 사로잡기에 세상의 즐거움에 무너지지 않는 것입니다.

둘째는, 세상의 악에 빠지지 않고 보호, 보전됩니다.

"나는 그들에게 아버지의 말씀을 주었는데 세상은 그들을 미워했습니다. 내가 세상에 속해 있지 않은 것처럼 그들도 세상에 속해 있지 않기 때문입니다. 내가 아버지께 기도하는 것은 아버지께서 그들을 세상에서 데려가 달라는 것이 아니라 악한 자로부터 그들을 보호해 달라는 것입니다"(요 17:14-15).

세상에 있는 악한 자들이 우리를 공격하고 있다는 것입니다. 예수님께서는 우리가 세상에 속하지 않은 자로 살아가려고 할 때는 악으로부터 보호받는 것이 반드시 필요하다고 말씀하시는 것입니다. 하나님의 보호하심이 없으면 우리는 매일의 삶을 이렇게 살아갈 수가 없습니다. 어떤 사람들은 세상에 악이 만연하고 악한 자들이 날뛰는 것을 보며 '하나님, 뭐 하십니까? 하나님, 지금 놀고 계십니까? 왜 세상이 이렇게 되도록 내버려두십니까?' 하며 하나님을 비난합니다.

그러나 정반대입니다. 하나님께서 이 세상 가운데 보호하시는 역사를 끊임없이 행하고 계시기에 그나마 우리가 숨 쉬며 살아갈 수 있는 것입니다. 하나님의 보호하심의 역사가 없이 하나님께서 그 막으시는 방패를 제거하시면 그 순간 이 세상은 악이 휩쓸어 버리게 되는 것입니다. 이 세상은 우리가 상상할 수 없는 악의 위험 속에 있습니다. 가끔 뉴스에서 끔찍한 사건사고 소식을 듣지만, 그것과 비교할 수 없는 악한 존재가 이 세상 속에 있습니다. 예수님은 이 세상 속에 있는 악의 위험을 보고 계셨습니다.

세상이 위험하지 않다고 생각하는 사람은 아직 영적으로 어린아이와 같습니다. 어린아이의 특징은 위험을 보지 못한다는 데 있습니다. 어린아이에게는 모든 것이 쉽고 단순해 보입니다. 그러나 자라면 자랄수록, 세상을 알면 알수록 이 세상이 얼마나 위험하고 악한 공격들로 가득 차 있는지를 아는 것처럼, 우리가 영적으로 깨어 있을 때, 그리스도 안에서 자라 갈 때 그리고 세상에 속하지 않은 자로 살아가려고 할 때 얼마나 세상의 악이 우리를 공격하는지를 느끼게 되는 것입니다.

우리가 세상에 살면서 그 어떤 갈등이나 악의 공격을 받지 않았다면 완전히 세상에 속한 자로 살고 있다는 것입니다. 완전히 세상과 하나가 되어 살기에 아무런 갈등도, 고민과 공격도 느끼지 않는 것입니다. 공격이 없는 게 아니라 공격할 필요가 없는 것입니다. 이미 세상과 한편이기 때문입니다. 그런데 세상에 속하지 않은 자로 살아가려고 할 때는 이 세상에 영향을 미치는 악한 자가 끊임없이 공격합니다. 공격이 심할수록 세상에 속하지 않은 자로 살아가고 있구나 생각하면 되는 것입니다.

그래서 이 기도가 중요합니다. 주님께서는 우리를 세상에서 데려가 달라고 하신 것이 아니라 이 세상 속에 있지만 악한 자의 공격으로부터 보호해 주시기를 기도하고 계십니다. 그리고 또한 우리도 기도해야 하는 것입니다. 그래야 그리스도처럼 이 세상에 있으나 세상에 속하지 않은 자로 살아갈 수 있는 것입니다.

셋째는, 악에 빠지지 않고 보존되는 것뿐만 아니라, 더욱더 적극적으로 세상 한복판에서 하나님의 뜻을 이루고, 하나님께 헌신된 자로 자신을 드리게 됩니다.

"아버지께서 나를 세상에 보내신 것같이 나도 그들을 세상에 보냅니다. 그들을 위해 내가 나를 거룩하게 하는 것은 그들도 진리로 거룩하게 하려는 것입니다"(요 17:18-19).

우리는 세상에 속하지 않은 자로 세상에 보냄을 받았습니다. 사도란 헬라어로 '아포스톨로스'라 하는데, 이는 보냄을 받은 자라는 뜻입니다. 예수님은 제자들을 부르셨지만 제자에 머무르지 않고 그들을 사도 바울, 사도 베드로, 사도 야고보 등 사도로 부르셨습니다. 주님은 오늘 우리에게도 동일한 요구를 하십니다. 우리는 제자로 부르심을 받았을 뿐만 아니라 사도로 세상에 보내심을 받은 것입니다.

진정한 거룩이란 죄와 악으로부터 보호받는 것만이 아니라 이 세상 한복판에 보냄을 받는 것입니다. 그래서 예수님께서는 세리와 죄인들의 친구가 되셨습니다. 세상 한복판으로 보냄을 받으신 것입니다. 가장 세상적인 영역에서 세상에 속하지 않은 자로 살아가신 것입니다. 당신에게 있어 가장 세상적인 영역은 어디입니까? 그곳이 어디든 피하지 말고 그 영역 속에서 세상에 속하지 않은 거룩을 나타내며 하나님의 뜻을 이루어 가십시오. 그것이 바로 온전한 거룩입니다. 그것이 세상 속에 보냄을 받은 자로 살아가는 것입니다.

우리는 그리스도처럼 세상에 있지만 세상에 속하지 않은 자로 부르심을 받았습니다. 그렇기에 주님의 기쁨이 우리 삶 속에 충만하게 넘쳐나게 될 것입니다. 악으로부터 보호받으며, 그것을 뛰어넘어 세상 속에 주의 뜻을 이루는 의의 도구가 될 것입니다. 그러므로 세상을 피하면 안 됩니다. 세상이 도피처가 되어서도 안 됩니다. 교회는 세상의 도피처로서만이 아니라 세상 속에 파송하는 영적 훈련소가 되어야 합니다. 그곳에서 새 힘과 능력을 공급받고 세상에 속하지 않은 자로 세상 속에 살아갈 수 있는 능력을 덧입어야 합니다.

세상이 싫어서 예배에 출석하는 것은 진정한 신앙이 아닙니다. 우리는 예배 공동체를 통해 세상 속에 보냄을 받은 자로서, 파송 받은 자로서 삶 곳곳으로 나아갈 수 있는 그리스도인입니다. 세상에 있으나 세상에 속하지 않은 자라는 이 그리스도인의 정체성을 날마다 붙잡고 나아가십시오.

20
그분이 아버지께 영광 돌리신 것처럼

"예수께서 이 말씀을 하시고 눈을 들어 하늘을 우러러보시며 기도하셨습니다. '아버지여, 때가 됐습니다. 아들이 아버지께 영광을 돌릴 수 있도록 아들을 영광스럽게 하소서. 아버지께서는 아들에게 주신 모든 사람에게 영생을 주게 하시려고 모든 사람을 다스리는 권세를 아들에게 주셨습니다. 영생은 오직 한 분이신 참하나님 아버지와 아버지께서 보내신 예수 그리스도를 아는 것입니다. 나는 아버지께서 맡겨 주신 일을 다 완성해 이 땅에서 아버지께 영광을 돌려 드렸습니다. 아버지여, 창세전에 내가 아버지와 함께 누렸던 그 영광으로 이제 아버지 앞에서 나를 영광스럽게 하소서"(요 17:1-5).

스코틀랜드의 종교 개혁자 존 낙스는 1572년 그가 세상을 떠나기 며칠 전부터 자신의 아내에게 요한복음 17장인 예수님의 기도를 계속해서 읽어 달라고 부탁했습니다. 그는 이 기도문을 계속 읽어 가며 영원한 하나님의 안식 가운데 들어간 것입니다. 왜냐하면 이 세상에서 영원한 하나님의 실재, 하나님의 세계, 삼위일체 하나님과의 깊은 관계 속으로 들어가는 영적 체험을 하게 도와주는 말씀이 바로 요한복음 17장의 예수님의 기도이기 때문입니다. 그래서 그리스도께서 내 안에, 내가 그리스도 안에 거하는 그리스도의 임재를 통해서 우리가 그리스도 안에서 삼위일체 되신 하나님과의 그 친밀한 교제 속에 들어가게 될 때, 이 기도가 더 깊이 이해되고 체험되는 일들이 일어나게 되는 것입니다.

이 기도는 각각의 문장과 단어들이 살아 계신 하나님과의 교제를 느끼게 해 줍니다. 이는 예수님의 기도만이 아니라, 어떤 기도든 그 안에는 기도하는 영혼이 하나님과 어떤 관계를 맺고 있는지가 나타나게 되어 있습니다. 기도는 그 영혼이 하나님과 맺고 있는 친밀함을 보여 주기 때문입니다. 아무리 말을 수려하게 잘한다고 해도 실제 하나님과 나누는 기도는 꾸밀 수가 없습니다. 예수님의 기도를 읽고 묵상하면 예수님께서 얼마나 아버지 하나님과 깊은 친밀함 속에 계셨는지를 깨닫게 됩니다.

그리스도께서 우리를 그 삼위일체 하나님의 친밀한 사귐 속으로 초대하십니다. 그 문이 바로 그리스도이십니다. 그 그리스도께서 내 안에, 내가 그리스도 안에 거하는 삶을 통해서 우리는 아버지 하나님과 나누셨던 예수님의 친밀함과 깊은 영성을 본받을 수 있습니다. 그래서 매우 단순해 보이는 언어의 기도치만, 그 깊이는 심오하고, 그 풍성함은 이루 말할 수 없는 은혜가 담겨 있는 것입니다. 요한복음 17장에 나오는 예수님의 기도가 우리 평생의 삶에 체험되기를 소망해야 합니다.

예수님께서는 자기 자신만을 위해 기도하지 않으셨습니다. 예수님은 당시의 제자들을 위해서도 기도하셨고, 당시의 제자들뿐 아니라 미래의 제자, 곧 우리를 위해서도 기도하셨고, 또 우리뿐만 아니라 우리를 통해 믿게 될 오고 오는 모든 제자들을 위해서도 기도하셨습니다.

이 기도에는 특별히 세상이라는 단어가 16번이나 등장하는데, 우리가 있어야 될 자리는 세상 밖이 아니라 세상입니다. 하나님은 이 세상을 포기하지 않으십니다. 성경은 "하나님이 세상을 이처럼 사랑하사 독생자를 주셨다"고 말씀합니다. 하나님은 우리를 세상 안에 거하게 하시나 세상에 속하지 않은 자로 살도록 부르셨습니다. 그리고 예수님은 세상에 속하지 않은 자로 우리를 부르신 소명이 무엇인지를 이 기도를 통해서 알려 주십니다. 그것은 그리스도께서 아버지 하나님께 영광을 돌려 드린 것처럼 우리도 아버지께 영광을 돌려 드리는 것입니다. 그 삶으로 우리를 초대하시는 것입니다.

하나님의 영광을 드러내라

하나님께서 인간을 창조하신 목적은 인간을 통해 영광 받기를 원하셨기 때문입니다. 이는 하나님의 영광이 부족해서 인간이 하나님의 영광을 만들어 드리도록 계획하셨다는 것이 아닙니다. 하나님의 영광은 이미 그 자체로 온전하고 완전하며 영원하십니다. 인간의 어떤 행위로도 그 영광을 더할 수는 없습니다. 하나님께 영광을 돌려 드린다는 것은, 이미 영광스러운 분이 그 영광스러운 분으로 나타나실 수 있도록 우리가 그 영광의 반사체가 된다는 것입니다. 마치 거울이 그 빛을 반사하는 것처럼 우리가 영광의 반사체로서 존재한다는 것입니다. 그래서 타락 이전의 인간을 보면 하나님의 영광이 반사되어 나타나는 것입니다. 그것이 일부는 능력일 수도 있고, 일부는 어떤 사람에게 주어진 하나님의 형상 속에 감추어진 놀라운 은혜일 수도 있습니다.

아담은 타락 이전에 모든 만물에게 이름을 붙여 주었습니다. 이름을 지을 수 있는 능력은 놀랍고 신비롭습니다. 아담이 모든 만물에게 이름을 붙여 주었다는 것은 인간에게 주신 하나님의 영광이 반사되어 드러난 것이라 할 수 있습니다. 과학이나 학문, 문학, 음악도 마찬가지입니다. 인간이 행하는 모든 활동을 통해서 하나님의 영광을 나타내도록 우리를 그 영광의 반사체로서 하나님의 형상대로 창조하셨다는 것입니다.

로마서 3장 23절은 "모든 사람이 죄를 지었으므로 하나님의 영광에 이르지 못합니다"라고 말씀합니다. 죄의 본질을 설명할 때 하나님의 영광을 기준으로 설명하고 있습니다. 하나님의 영광에 이르지 못했던, 하나님의 영광의 반사체로서 존재해야 하는 인간이 스스로 영광 받는 자로, 자기 스스로를 영광스럽게 하는 자로 만들어 버리는 존재가 되었다는 것입니다. 그것이 바로 죄의 본질이라고 설명하는 것입니다.

그리스도께서 세상에 오신 것은 바로 그 하나님의 영광을 우리에게 회복시켜 주시고, 영광스러운 하나님의 피조물로서의 하나님의 형상을 회복할 뿐 아니라, 그 회복된 하나님의 형상은 하나님의 영광을 다시 나타내는 존재가 되게 하시기 위함인 것입니다.

"예수께서 이 말씀을 하시고 눈을 들어 하늘을 우러러보시며 기도하셨습니다. '아버지여, 때가 됐습니다. 아들이 아버지께 영광을 돌릴 수 있도록 아들을 영광스럽게 하소서'"(요 17:1).

예수님께서는 이렇게 기도하셨습니다. "아버지여, 때가 됐습니다." 이 한 문장 속에 예수님께서 아버지 하나님과 나누셨던 친밀함의 강도와 깊이가 담겨져 있습니다. 우리가 삶의 모든 여정에서 하나님의 때와 방법을 구하는 기도부터 시작해서 가다 보면 어느 순간 '이거군요' 하는 확신 가운데 거하는 친밀함에 이를 수 있습니다. 그리스도께서 내 안에, 내가 그리스도 안에 거하는 그런 연합의 삶을 통해서 예수님께서 아버지와 나누셨던 이 친밀함을 누릴 수 있게 되는 것입니다.

예수님께서 말씀하신 때는 어떤 때입니까? 아들이 영광스럽게 되는 때고, 아들이 영광스럽게 됨으로써 하나님께 영광이 되는 때입니다. 예수님께서는 요한복음 12장에 이르기까지는 '때가 이르지 아니하였다'는 말씀을 여러 번 하셨습니다. 그러다 요한복음 12장 이후부터 '때가 이르렀다'고 말씀하시기 시작했습니다.

"예수께서 대답하셨습니다. '인자가 영광 받아야 할 때가 왔다'"(요 12:23).

예수님은 제자들에게 '때가 왔다, 오고 있다'고 말씀하셨습니다. 그리고 17장에 이르러서는 '아버지여, 때가 됐습니다' 하고 말씀하셨습니다. 그 '때'는 언제입니까? 예수님 생애의 마지막 순간이 다가오고 있을 때 예수님은 고뇌에 가득 차서 기도하며 아버지의 음성을 들으셨습니다.

"지금 내 마음이 몹시 괴로우니 내가 무슨 말을 하겠느냐? '아버지여, 내가 이 시간을 벗어날 수 있게 해 주십시오' 하겠느냐? 아니다. 나는 바로 이 일 때문에 이때 왔다. 아버지여, 아버지의 이름을 영광스럽게 하소서!" 바로 그때 하늘에서 소리가 들려왔습니다. "내가 이미 영광스럽게 했다. 다시 영광스럽게 할 것이다"(요 12:27-28).

요한복음 17장에 나오는 기도의 전조가 여기에 이미 나타나 있습니다. 예수님께서 생각하시는 영광스럽게 되는 때는 언제입니까? 자신의 희생을 통해 아버지의 뜻이 이루어지는 십자가의 때입니다. 우리 모두를 구원하시고, 우리 모두를 용서하시고, 우리 모두를 하나님의 자녀 되게 하시고, 우리 모두에게 새 하늘과 새 땅을 허락하시는 아버지의 뜻과 계획이 이루어지는 바로 십자가의 때인 것입니다. 하나님의 아들이신 예수 그리스도께서 십자가에 못 박혀 죽으시는 그때를 아들이 영광스럽게 되는 때라고 말씀하신 것입니다. 그 죽음 이후에 나타난 생명의 부활로 인해서 하나님의 아들로 온전히 나타나시고 우리를 의롭게 하실 수 있는 그 십자가 고통의 정점이 바로 아들이 영광스럽게 되는 때요, 아들이 영광스럽게 됨으로써 아버지 하나님께서 영광스럽게 되는 때라 말씀하신 것입니다. 2-4절은 어떻게 그것이 영광 돌리게 되는지를 더 구체적으로 설명합니다.

영생을 주시는 그리스도

"아버지께서는 아들에게 주신 모든 사람에게 영생을 주게 하시려고 모든 사람을 다스리는 권세를 아들에게 주셨습니다"(요 17:2).

하나님께서는 아들에게 모든 사람을 다스리는 권세를 주셨습니다. 예수님께서 모든 사람을 다스리는 권세를 통해 어떤 일을 하셨습니까? 영생을 주셨다고 말씀합니다. 이것이 목적인 것입니다. 이때를 위해서 오신 것입니다. 이때가 영광스럽게 되는 때요, 그 영광스럽게 되는 과정을 통해 아버지께서 주신 모든 사람에게 영생을 주시는 일을 하게 되신 것입니다. 영생이란 무엇입니까? 3절에 그 설명이 나타납니다.

"영생은 오직 한 분이신 참하나님 아버지와 아버지께서 보내신 예수 그리스도를 아는 것입니다"(요 17:3).

영생이란 구원보다 훨씬 더 적극적이고 포괄적인 의미입니다. 우리가 구원받았다고 표현할 때 구원의 목적은 영생입니다. 이 영원한 생명을 누리기 위해서는 두 가지가 전제되어야 하는데, 하나는 우리에게 영원한 생명을 잃어버리게 만들었던 죄를 용서받고 해결해야 하며, 또 하나는 거기서 그치는 것이 아니라 보다 적극적으로 생명을 부여받아야 합니다. 옛 건물을 철거해야 새 건물을 지을 수 있듯이, 철거하는 과정이 십자가를 통해 죄를 처리하는 과정이요, 처리한 이후로는 건물이 지어지듯 부활의 생명으로 그리스도의 생명을 이식받아 생명의 관계 속으로 들어가야 되는 것입니다. 그래서 구원이 전 단계라면, 후 단계는 영원한 생명 가운데 거하게 되는 것, 이것이 바로 진정한 구원인 것입니다.

우리는 영원을 자꾸 시간을 기준으로 해석하려는 경향이 있습니다. 그래서 혼동이 일어나는 것입니다. 이 시간과 영원의 문제를 그리스도인들 중에서 가장 먼저 깊이 묵상한 사람이 어거스틴입니다. 어거스틴은《고백록》11권의 '시간과 영원'이라는 장에서 이 시간과 영원을 깊이 고민했습니다. 그는 전반부에서 자신의 유아기 때부터 시작해서 과수원에서 배를 훔쳐 먹은 이야기까지 온갖 이야기의 고백을 다 합니다. 그렇게 전반부에서 자신의 기억에 떠오르는 모든 죄를 고백한 후 후반부에 들어가면 지극히 신학적인 깊이로 하나님의 창조, 시간, 영원 등에 관한 내용들을 다룹니다. 그리고 그 모든 문제들에 대한 자신의 정신적인 회심, 곧 지성적 회심을 고백합니다. 전반부가 자신의 육체적 죄에 대한 회개였다면, 후반부는 자신의 지적 방황과 죄에 대한 회심을 통해서 진리를 알아 가는 여정인 것입니다.

어거스틴은 영원이란 시간이 길어지는 게 아님을 깨달았습니다. 이는 질적으로 완전히 다른 차원의 것임을 깨닫고 고백한 것입니다. 시간은 과거와 현재와 미래가 있습니다. 흘러가는 것입니다. 머무를 수 없는 것입니다. 지금의 현재도 잠시 후면 과거가 되어 버리듯이, 우리 안에 존재하는 이 시간은 계속 흘러가고 있기에 머물러 있지 않는다는 것입니다.

시간도 하나님께서 창조하신 피조의 한 영역입니다. 하나님은 시간 안에서 창조하신 것이 아니라 시간과 함께 창조하셨기 때문에 시간이 없는 때가 존재했습니다. 그것이 바로 영원하신 하나님의 세계입니다. 과거와 현재와 미래가 흘러가는 것이 아니라, 과거도 없고 미래도 없고 영원히 현재만 존재하는, 영원히 머물러 있는 상태가 바로 영원입니다. 그러므로 우리가 끊이지 않는 시간을 영원이라고 해석하는 것은 잘못된 것입니다. 영원은 시간을 초월한 영역입니다.

그 영원한 상태로 존재하신 하나님께서 시간 속에 창조된 인간들을 구원하셔서 우리에게 허락된 새 하늘과 새 땅, 영원한 생명을 누리게 하셨습니다. 이는 영원하신 하나님과의 교제 속에 들어감으로 우리는 과거와 현재와 미래에 묶여 사는, 시간 안에 사는 존재로 끝나는 인생이 아니라, 영원한 현재만 존재하는 하나님과의 관계 속으로 들어가는 것입니다. 그래서 "오직 한 분이신 참하나님 아버지와 아버지께서 보내신 예수 그리스도를 아는 것입니다"라고 말씀하는 것입니다. 예수님은 영생을 시간의 개념으로 설명하지 않고 관계의 개념으로 설명하신 것입니다.

살아 계신 하나님과 살아 계신 예수 그리스도를 안다는 것은 가장 친밀히 아는 것입니다. 어떤 정보를 지식으로 아는 게 아니라 인격적 관계를 통해서 아는 것입니다. 가장 가까운 비유가 부부가 서로를 아는 것입니다. 이는 친밀함의 앎을 의미합니다. 그리스도께서 내 안에, 내가 그리스도 안에 거하는 삶이 곧 영원한 생명의 삶인 것입니다. 영원하신 그리스도께서 내 안에 계심으로 우리는 이 땅을 살지만 영원을 사는 것입니다.

우리의 몸은 언젠가는 죽습니다. 하지만 죽음으로 끝나는 시간 속에 제한된 삶으로 끝나는 인생이 아니라, 영원 속에서 현재를 사는 것입니다. 그래서 이 시간과 영원이 만나는 삶, 이 땅을 살지만 우리는 영원을 사는 것입니다. 이 세상을 살지만, 시간 속에 살고 있지만, 우리는 영원의 관점에서 이 시간과 공간을 뛰어넘는 삶을 살 수 있는 것입니다. 영원하신 그리스도께서 내 안에 계시고 내가 그 영원하신 그리스도 안에 날마다 거하는 삶, 이것이 바로 영생의 삶입니다. 우리가 그리스도의 십자가를 통해 죄 용서를 받는 것은 용서만 받는 것이 아니라 이 살아 계신 그리스도의 임재와 그분과의 관계 속에서 날마다 영원을 경험하는 삶으로 우리를 초청하신 것입니다. 우리는 이 영원한 생명의 삶을 날마다 누릴 수 있어야 합니다.

영생을 누리고 소유하라

요한계시록은 새 하늘과 새 땅이라는 영원한 삶을 우리에게 설명해 줍니다. 그러나 우리 지식으로는 다 이해할 수 없습니다. 믿음으로 그 영원을 받아들이고 우리 삶 가운데 그리스도의 임재하심을 날마다 체험하면 그 문자가 이해되는 것입니다. 문자를 통해서 먼저 그 세계를 이해하려고 하면 위험합니다. 그래서 이단들이 요한계시록을 가지고 접근하는 것입니다. 요한복음을 먼저 깨달으면 요한계시록을 잘못 해석할 수 없습니다. 영원한 생명의 삶을 먼저 가르쳤기 때문입니다.

예수 그리스도와의 살아 있는 관계를 통해서 우리는 영원한 세계를 바라볼 수 있습니다. 그리스도께서 내 안에, 내가 그리스도 안에 거하는 이것이 영생이라는 것입니다. 영생을 날마다 누린다는 것입니다. 시간과 공간 속에 제한을 받던 우리지만 영원하신 하나님과의 관계 속에 산다는 것입니다. 이는 시간과 영원이 만나는 신비입니다. 시

공간 속에 영원이 들어오신 것입니다. 하나님 나라가 임한 것입니다.

우리는 영원한 존재로 창조되었기 때문에 영원을 향하고 영원을 바라보지 않으면 만족이 없습니다. 하나님께서 때에 따라 모든 것을 지으시되 영원을 사모하는 마음을 인간에게 주셨다는 것입니다. 우리가 이 세상에 만족이 없는 것은 우리가 이 땅을 위해 창조된 것이 아니라 다른 세상을 위해 창조되었기 때문입니다. 이 세상의 모든 것을 가져도 만족이 없는 것은 이 세상이 우리의 목적지가 아니라는 증거입니다.

우리가 영원을 위해 창조되었다는 것은, 세상에서 모든 것을 잃어버려도 영원을 소유한 자로 살아가면 아무것도 두려울 게 없다는 것입니다. 이 땅에서 뭐 하고 살았는지 모르겠다고 말하지 않는 것입니다. 왜냐하면 우리의 영혼이 분산되지 않고 영원이신 하나님께 집중되었기 때문입니다. 그래서 인생에 철이 드는 정도가 아니라 열매를 맺게 되는 것입니다. 철을 아는 정도가 아니라, 인생의 때를 아는 정도가 아니라, 그 때와 순간을 통해 하나님께서 기뻐하시는 뜻을 행함으로 열매 맺는 삶을 살 수 있게 되는 것입니다.

우리는 그리스도의 임재 앞에 날마다 나아가야 합니다. 그리스도 안에서 하나님을 바라보고, 우리 믿음의 주요 온전하게 하시는 예수 그리스도를 바라볼 때 우리의 영혼이 점점 집중되는 것입니다. 온전하게 되는 것입니다. 그래서 예수님처럼 이렇게 기도할 수 있게 되는 것입니다. "아버지여, 때가 됐습니다."

우리 인생의 목적은 하나님께 영광을 돌려 드리는, 하나님의 영광의 반사체로 살아가는 것입니다. 그래서 하나님께 집중하는 삶을 살 때 무엇을 위해서 사는 인생인지를 고백할 수 있게 되는 것입니다. 우리 또한 예수님과 같은 고백을 할 수 있어야 합니다.

"나는 아버지께서 맡겨 주신 일을 다 완성해 이 땅에서 아버지께 영광을 돌려 드렸습니다. 아버지여, 창세전에 내가 아버지와 함께 누렸던 그 영광으로 이제 아버지 앞에서 나를 영광스럽게 하소서"(요 17:4-5).

그리스도께서 우리에게 보여 주신 것은, 우리가 이 땅에서 오직 하나님의 영광을 위해 살아가는 존재가 될 때 영원하신 하나님의 영광을 회복하고 그 영광을 나타내는 삶을 살 수 있다는 것입니다.

"여러분의 몸은 성령의 전입니다. 여러분은 하나님께로부터 성령을 받아 여러분 안에 모시고 있습니다. 여러분은 자신의 몸이 자기 것이 아니라는 사실을 알지 못합니까? 하나님께서 값을 치르고 여러분을 사셨습니다. 그러므로 여러분의 몸으로 하나님께 영광을 돌리십시오"(고전 6:19-20).

우리가 살아가는 이유와 목적을 모르는 까닭은 무엇입니까? 내 인생이 내 것이라고 생각하기 때문입니다. 나는 나의 것이 아닙니다. 우리 인생은 값을 주고 다시 사신 하나님의 것입니다. 그 확인으로 성령을 우리에게 주신 것입니다. 우리의 마음속에 내 마음대로 사는 것에 대한 갈등이 있다면 그건 내 소유가 아니라는 것입니다. 우리 인생의 진정한 소유자 되시고 우리의 모든 권리를 갖고 계신 하나님께 그분의 영광을 나타내고 반사하는 존재로만 살아가기로 결단하고 그렇게 살아갈 때 우리 삶은 참으로 복된 삶이 되는 것입니다.

  그리스도처럼 오직 하나님께 영광이 되는 삶을 살아가기로 결단하십시오. 그럴 때 그리스도를 닮아 가는 인생, 그리스도처럼 변화되는 인생을 살아가게 될 것입니다. 우리의 모든 삶을 통해 하나님께서 홀로 영광 받아 주시기를, 그리스도처럼 하나님께 영광 돌리며 살아가게 해 주시기를 날마다 간구하며 나아가십시오. 이것이 우리 삶의 목적이요, 비전과 방향이 될 때 우리의 영혼은 이 땅에서 영생을 누리며 살아가게 될 것입니다.

나가는 글 /

그리스도의
사랑 안에
머무십시오

그리스도인이란 그리스도 안에 있는 사람입니다. 그리스도 안에 거한다는 것은 생명의 교제를 나눈다는 것입니다. 내 안에 그리스도의 생명이 없으면 그리스도와 더불어 교제를 나눌 수 없습니다. 이것은 우리가 성취해야 하는 것이 아니라 이미 우리에게 주어진 것입니다. 십자가를 통해 허락된 그리스도의 생명이 우리에게 주어진 것입니다.

믿음은 그리스도와 우리를 연합시키는 것입니다. 내가 믿는 대상과 나를 하나로 만드는 것입니다. 우리가 그리스도를 믿는다고 할 때는 그리스도께서 내 안에, 내가 그리스도 안에 거하는 이 생명의 연합의 관계를 말하는 것입니다. 이는 포도나무와 가지가 붙어 있음 같이 그리스도와의 생명의 연합을 통해서 그 그리스도의 생명이 나를 통해 흘러가는 것과 같습니다. 이것이 믿음의 삶입니다.

그리스도처럼 변화되는 것은 내가 이루는 어떤 종교적인 성취가 아닙니다. 어떤 모방도 흉내도 아닙니다. 이것은 그리스도께서 내 안에 거하심으로 인해, 내 안에 있는 그리스도의 생명으로 인해 재생산되는 것, 곧 작은 예수가 되는 것이라고 말할 수 있습니다. 그래서 그리스도를 통하여, 그리스도와 함께, 그리스도 안에서 주어진 하나님의 사랑과 은혜를 바라보고 그것을 믿음으로 받아들일 때, 그 안에서 이루어진 것들을 깨닫고 체험할 때 우리에게는 그리스도의 권위 아래 살아가는 삶이 나타나며 우리 마음의 모든 소원과 동기가 그리스도를 향한 것이 되어 그리스도를 위해 살고 싶은 마음의 욕구가 생기는 것입니다.

 우리의 삶 속에 이런 신앙의 열매들이 맺히기까지는 때로 시간이 걸립니다. 이는 하루아침에 순간적으로 이루어지는 것이 아닙니다. 분명한 체험입니다. 아기가 태어나서 자라는 과정을 생각해 보십시오. 세상에 존재하지 않던 아기가 세상에 태어났다는 것은 놀라운 신비입니다. 이것만큼 중요한 존재의 변화는 없습니다. 그런데 육신의 생명이 태어나는 것과 동일하게 우리 안에 영적인 생명이 태어납니다. 이 또한 분명한 존재의 변화이고 실제입니다. 생명은 자라야 합니다. 이때 가장 필요한 건 사랑입니다.

하나님의 사랑은 십자가의 사랑입니다. 십자가에서 하나님의 사랑이 우리 가운데 흘러나오는 것입니다. 하나님의 창조를 통해 우리에게 베풀어 주신 사랑보다도 그리스도의 십자가를 통해 우리에게 베풀어 주신 사랑이 비교할 수 없을 만큼 풍성합니다. 왜냐하면 모든 죄를 씻기고 용서하시며, 우리와 올바른 관계를 회복하실 뿐 아니라 우리를 그리스도와 같이 변화시키는 사랑이기 때문입니다. 우리는 그리스도 안에서 하나님의 사랑을 날마다 공급받으며 그 안에서 살아갑니다. 이것이 믿음의 삶입니다.

우리에게 필요한 가장 큰 능력은 사랑입니다. 그리스도께서 하나님 아버지의 사랑 안에 거하심으로 십자가를 이기신 것처럼, 우리가 만일 그리스도의 사랑 안에 머문다면 그 사랑은 그리스도를 사랑하신 하나님의 사랑과 동일한 사랑입니다. 십자가의 고난을 이기셨던 그 아버지의 사랑과 동일한 사랑으로 그리스도께서 우리를 사랑하신다는 것입니다.

성경의 수많은 말씀들이 사랑에 대한 고백으로 이루어져 있습니다. 그리고 이 사랑 속에 거하는 것이 바로 그리스도인의 삶입니다. 그리스도 안에 거한다는 것은 그리스도의 사랑 안에 머무는 것입니다. 우리는 그리스도의 사랑에 풍성이 거하는 삶을 살아야 합니다. 그 사랑을 깊이 깨달아야 합니다.

그리스도께서 아버지의 사랑 안에 거하신 방식은 순종이었습니다. 순종이란 자신의 모든 것을 다해 사랑하는 대상에 대한 반응입니다. 그렇다면 우리에게 있어 순종은 그리스도를 떠나서는 아무것도 할 수 없음을 고백하는 것입니다. 그리스도께서 내 안에, 내가 그리스도 안에 거해야만 살 수 있음을 인정하는 것입니다.

그리스도의 사랑 안에 머무십시오. 놀라운 삶의 능력이 우리를 통해 나타날 것입니다. 때로 십자가의 고통도 이기게 될 것입니다. 우리 삶의 어떤 고난도 능력 있게 이기게 될 것입니다. 그리고 세상에서 당하는 어떤 시련도 우리를 무너뜨리지 못하게 될 것입니다. 그리스도의 사랑 안에 언제까지나 머무는 우리의 삶이 되기를 소원합니다.